Les Éditions AB Alke Bulan présentent :

LES VIEUX D'AFRIQUE M'ONT CONTÉ

CONTES, SENTENCES ET PROVERBES D'AFRIQUE

Mentions légales

ISBN : 978-1990497698

Sturgeon Falls Ontario Canada le 28 septembre 2023.

Les Éditions AB Alke Bulan

Table des matières

Avant-propos

Les peuples d'Afrique savent qu'une immense richesse sommeille dans leurs langues nationales. Chaque langue africaine est bien plus qu'un simple moyen de communication : elle est le véhicule et le coffre-fort de toute une civilisation, le miroir d'une communauté. Elle porte les traditions, les coutumes, les mythes et les légendes, les contes et les épopées, les proverbes et les devises – en un mot, l'âme même de la culture transmise par l'oralité.

Les sociétés africaines sont profondément orales : la parole y est reine. Les événements de la vie, qu'ils soient marquants ou insignifiants, sont accompagnés de mots qui donnent sens et force à l'existence. Chaque étape de la vie a ses paroles, ses chants, ses récits, ses enseignements.

Mais cette vie traditionnelle s'efface peu à peu, happée par les réalités de la modernité : l'urbanisation, l'avènement de nouvelles technologies, l'érosion du nombre de locuteurs des langues nationales, et l'adoption de modes de vie et de langages importés qui ne coïncident pas toujours avec l'héritage culturel. Il est donc urgent de recueillir et de sauvegarder ces trésors de la parole avant qu'ils ne disparaissent ou ne se diluent à jamais. Les contes, piliers de cette tradition, en sont parmi les plus précieux joyaux.

Dans ce recueil, Les Vieux d'Afrique m'ont conté, nous partageons une trentaine de contes collectés sur le terrain, dans diverses régions d'Afrique de l'Ouest, en langues pulaar (peul, fulfuldé), bambara, wolof, mossi, sérère, soninké et bien d'autres.

Les veillées d'autrefois

Dans les sociétés ouest-africaines d'hier, le rôle des anciens était essentiel. Au crépuscule, quand le soleil s'effaçait derrière les collines, les enfants accouraient vers les aînés, courant presque comme s'ils craignaient de manquer le début du spectacle. Ils s'asseyaient en cercle, sur la natte ou autour du feu, impatients d'entendre le premier mot qui les ferait voyager dans un autre monde.

Alors, le silence tombait, solennel comme celui d'une cérémonie. La voix grave de l'aïeul s'élevait :

« Je vais vous dire un conte… »

Et les enfants répondaient d'une seule voix :

« Un bon conte ! »

Ainsi commençait la magie. L'aîné, véritable bibliothèque vivante comme aimait le dire le grand Amadou Hampâté Ba, déroulait les histoires héritées des ancêtres : celles de l'hyène cupide, des coépouses jalouses, des orphelins courageux, des rois sages ou tyranniques… Certaines étaient ponctuées de chants que tous reprenaient en chœur. Ces récits forgeaient les cœurs, formaient les esprits et éveillaient le sens moral.

À travers ces contes et proverbes, les enfants apprenaient les lois de la société, les valeurs de civisme et de solidarité, le respect de la parenté et l'amour de la patrie. Ils recevaient ainsi, soir après soir, une véritable éducation civique et morale, sans manuels scolaires ni tableaux noirs, mais par la magie de la parole.

Aujourd'hui

Les cultures africaines font face à de grands défis. Les langues africaines sont rarement enseignées dans les écoles (sauf exceptions notables) et certaines disparaissent peu à peu, emportant avec elles une partie des pratiques et des savoirs. Les veillées d'antan sont remplacées par les soirées passées devant les écrans : télévision, jeux vidéo, réseaux sociaux. Les modes de pensée et de vie se transforment, et les enfants risquent de perdre ce qui faisait le sel de l'éducation d'autrefois.

D'où l'importance de revisiter ce patrimoine et de le partager à nouveau. Les parents, les éducateurs, les historiens et les conteurs jouent un rôle essentiel : semer dans l'esprit des jeunes générations les graines de cette sagesse ancienne. Les contes ne sont pas de simples divertissements ; ils sont un outil d'éducation, de cohésion sociale et de paix.

À travers ces pages, nous vous invitons à retrouver cette magie. Partons ensemble à la rencontre des contes, proverbes et histoires qui ont façonné des générations entières de jeunes Africains et qui continuent d'inspirer ceux qui écoutent.

Partie 1 : CONTES

1. Le contrat rompu

Il était une fois, dans la brousse

Il était une fois, au cœur de la brousse, un groupe d'animaux décida de vivre ensemble sous le même toit.

Il y avait Lella la biche, Waandu le singe, Soyru le perroquet et Fabburu la grenouille.

Un matin, alors que la saison des pluies venait de commencer, Lella proposa :

« Amis, allons labourer un champ et semer du mil ! »

Mais tous refusèrent.

Fabburu déclara : « Moi, je préfère rester bien au frais sous le canari. »

Waandu bondit d'un saut et grimpa sur les branches de l'arbre.

Soyru, lui, passa la journée à chanter de branche en branche.

Lella ne se découragea pas. Elle apporta ses graines de mil, laboura la terre, sema et veilla sur son champ avec patience jusqu'à la récolte.

Quand le temps de la moisson arriva, elle revint voir ses compagnons :

« Venez m'aider à récolter ! »

Mais encore une fois, tous refusèrent.

Lella fit la récolte seule, ramena le mil à la maison et leur dit :

« Aidez-moi à piler le mil pour en faire de la farine. Nous préparerons un bon repas. »

Tous refusèrent encore.

Alors Lella pila le mil, prépara la farine, cuisina et servit le repas.

Quand tout fut prêt, les autres animaux accoururent pour partager le festin.

Et parce que Lella avait le cœur généreux, elle ne les chassa pas.

Elle les invita à manger avec elle, et tous se régalèrent ensemble.

Morale

Ce récit nous enseigne la gentillesse et la générosité de Lella, qui malgré l'égoïsme des autres, choisit le partage.

Quant à ses compagnons, ils représentent la paresse : ils veulent jouir des fruits du travail sans fournir d'effort.

2. L'hyène et la chèvre

Ce jour-là, l'hyène avait très faim.

Depuis trois jours, elle n'avait rien mangé.

Pour se distraire et trouver de quoi se nourrir, elle partit se promener.

Soudain, elle aperçut une chèvre au loin et s'exclama :

« Humm ! Voilà mon repas ! »

Elle se cacha derrière un buisson et se mit à guetter.

Mais la chèvre, qui avait remarqué sa présence, détala aussitôt.

L'hyène se lança à sa poursuite. Dans la précipitation, elle glissa et tomba dans un puits.

Depuis le fond, elle appela :

- Ma chère amie, viens ici ! Nous allons nous comprendre.

La chèvre s'approcha prudemment et sourit.

L'hyène reprit d'une voix douce :

- Mon amie, je m'amusais seulement avec toi ! Aide-moi à sortir de ce puits et nous serons amies pour toujours.

La chèvre répondit :

- Oh, hyène ! Me vois-tu ? Je ne suis ni grande ni forte. Je ne peux pas t'aider à sortir de là. Attends, je vais chercher du secours.

Elle s'en alla, laissant l'hyène au fond du puits.

Tout en s'éloignant, elle se dit :

« Reste là-bas ! Pourquoi devrais-je t'aider après ce que tu voulais me faire ? »

Mais, chemin faisant, la chèvre eut pitié.

Elle pensa : « Nous ne nous entendons pas, c'est vrai... mais il faut aider ceux qui sont en danger. Peut-être trouverai-je quelqu'un pour la sauver. »

3. La princesse orgueilleuse

(Conte traditionnel du Mali, relaté par Michel Sangaré)

Il était une fois un roi qui voulait marier sa fille.

Mais la princesse trouvait tous les prétendants indignes d'elle.

Les hommes les plus beaux, les plus riches, les plus nobles et les plus valeureux vinrent en vain tenter leur chance.

Ils déposaient des fleurs et des cadeaux à ses pieds délicats, mais elle les regardait avec un dédain glacé, comme si le monde entier n'était peuplé que d'oies et de canards.

Dans les yeux de chacun, elle contemplait son propre reflet, s'enorgueillissant de sa beauté.

« Qui sont-ils donc pour se croire dignes de moi ? » pensait-elle avec mépris.

Peu à peu, elle se mura dans un silence obstiné, au point que certains crurent qu'elle était devenue muette.

Le roi, désespéré, promit de donner sa main à celui qui réussirait à rompre ce silence et à lui faire prononcer un mot.

Mais tous les courtisans échouèrent. Ni prières, ni chants, ni présents ne purent lui délier la langue.

Un jour, un lépreux entra dans la cour du palais.

Vêtu de haillons qui semblaient, eux aussi, rongés par la maladie, il avançait sans crainte malgré les rires et les moqueries.

- Comment ! s'écrièrent les spectateurs.

« Les plus beaux hommes du royaume, les plus riches, les plus nobles n'ont pu lui rendre la parole, et toi, lépreux misérable, oserais-tu y parvenir ? »

La princesse elle-même fronça les sourcils, plus renfermée encore.

Mais l'homme ne dit rien.

Sans même la regarder, il s'accroupit, alluma un petit feu et posa sa théière sur deux pierres.

À peine l'eau avait-elle commencé à chauffer que la théière se renversa dans le sable.

Le lépreux ramassa la théière, la remplit à nouveau et la reposa exactement de la même façon.

À nouveau, elle se renversa.

Puis une troisième fois.

Puis une quatrième.

À la cinquième tentative, la princesse, hors d'elle, cria :

- Mets donc une troisième pierre pour équilibrer ton feu !

Ainsi, par un simple mot, le sort fut rompu.

Et c'est ainsi qu'une princesse orgueilleuse épousa un lépreux, celui qui avait su la faire parler.

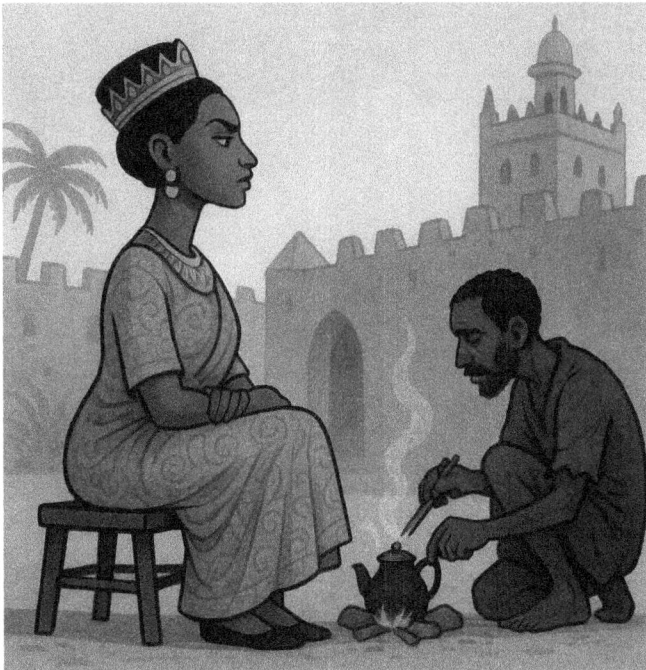

4. Il n'y a pas de petite querelle

(Conte du Fouta sénégalais)

Il était une fois un homme et sa vieille mère.

Ils vivaient dans leur concession en compagnie d'un chien, d'un mouton, d'un bœuf et d'un cheval.

En ce temps-là, les animaux parlaient avec les hommes et prenaient part à leur vie quotidienne.

Le chien avait pour rôle de surveiller la maison et de prévenir les autres animaux lorsque quelque chose se passait en l'absence du maître.

Un jour, l'homme étant parti, deux lézards se mirent à se battre dans la case où reposait la vieille dame malade.

Ils se chamaillaient violemment, se lançant leur queue l'un contre l'autre.

Le chien, entendant le vacarme, s'adressa aux autres animaux :

- Amis, allez vite séparer ces lézards ! Vous savez qu'il n'y a pas de petite querelle.

Mais le mouton répondit :

- Des lézards qui se battent ? Qu'ils se tuent là-dedans, ce n'est pas mon problème.

Alors le chien alla trouver le cheval :

- Frère cheval, peux-tu aller les séparer ? On ne sait pas quelles conséquences cela peut avoir.

Le cheval haussa les épaules :

- Les querelles de lézards ne me concernent pas.

Enfin, le chien demanda au bœuf :

- Va les séparer, je t'en prie !

Mais le bœuf grogna :

- Je n'ai pas le temps pour ces histoires. Qu'ils se battent jusqu'à la mort si cela leur chante.

Le chien, dépité, dit :

- Je vous ai avertis. Attendez maintenant et voyez ce qui arrivera.

Pendant ce temps, les lézards continuaient leur combat. Dans la lutte, ils renversèrent la lampe à pétrole qui éclairait la pièce.

Le feu se propagea rapidement, embrasant la moustiquaire de la vieille dame.

La case entière prit feu et la pauvre femme périt dans l'incendie.

Lorsque le maître revint et découvrit le drame, il ordonna qu'un jeune garçon monte le cheval pour prévenir les villages voisins.

Le cheval galopa toute la journée. Le soir venu, il rentra si épuisé qu'il respirait avec peine.

Le chien s'approcha et dit :

- Frère cheval, si tu m'avais écouté quand je t'ai demandé d'arrêter les lézards, tu n'aurais pas eu à courir ainsi.

Le cheval soupira :

- Si j'avais su, je les aurais séparés…

Le jour des funérailles arriva. Le village était rempli d'invités et il fallut préparer un grand festin.

On égorgea le mouton pour nourrir tout le monde.

Le chien, voyant le mouton avant son sacrifice, lui dit :

- Pauvre ami, si tu m'avais écouté, tu ne serais pas dans cette situation.

Le mouton murmura tristement :

- Si j'avais su…

Quarante jours plus tard, selon la tradition, on devait sacrifier un bœuf à la mémoire de la défunte.

Il n'y avait qu'un seul bœuf dans la concession : celui qui avait refusé d'agir.

Quand on l'attacha pour le tuer, le chien dit encore :

- Te voilà, bœuf. Si tu avais empêché la querelle, tu ne serais pas ici aujourd'hui.

Ainsi, tous ceux qui avaient refusé d'intervenir payèrent le prix de leur indifférence.

Morale de l'histoire

Une querelle, même minime, peut provoquer de grands malheurs.

Elle peut emporter les fauteurs de troubles comme les innocents.

Chaque fois que vous voyez un conflit naître, ne restez pas indifférent : arrêtez-le avant qu'il ne soit trop tard.

5. L'hyène et l'aveugle

(Conte sérère, raconté par Pape Faye)

L'hyène n'avait plus rien à manger. Elle avait si faim qu'elle n'en pouvait plus.

Chaque jour, en traversant le village, elle voyait le même spectacle : un aveugle se tenait debout à l'entrée des maisons, récitant des formules magiques.

À chaque incantation, les villageois lui donnaient à manger. Il remplissait ainsi ses grands sacs de nourriture jusqu'à ce qu'ils soient pleins à craquer, puis rentrait tranquillement chez lui.

L'hyène, affamée, observait la scène avec envie.

Un jour, elle s'approcha de l'aveugle et lui dit :

- Hé ! Veux-tu retrouver la vue ?

- Oh ! s'exclama l'aveugle, c'est tout ce que je demande à Dieu !

- Eh bien, répondit l'hyène, moi je veux être aveugle ! Faisons un échange : donne-moi tes formules magiques et prends ma vue en retour!

L'aveugle accepta.

Alors l'hyène devint aveugle et l'aveugle recouvra la vue.

Avant de partir, il lui apprit les incantations.

Le premier jour, l'hyène récita les formules et remplit ses sacs de nourriture jusqu'à les faire déborder.

Ravie, elle rentra dans sa case, parla toute la nuit et se reposa.

Mais le lendemain, lorsqu'elle sentit la faim la tenailler, elle reprit ses sacs, sortit sur la route… et oublia complètement les formules !

Elle ne se souvenait plus de rien et, pire encore, ne pouvait même plus reconnaître l'aveugle qui avait maintenant retrouvé la vue.

Ainsi, elle resta là, confuse et affamée, payant le prix de sa propre ruse.

6. Sadian et Bilissi

(Conte recueilli par Fatou K – Figura Éditions)

Il était une fois, dans le village de Mogodougou - le « village des humains» - un homme nommé Sadian.

Sadian était connu pour son caractère intransigeant. Il se croyait le plus juste et le plus parfait de tous et ne supportait ni les défauts, ni les travers de ses voisins.

Un jour, excédé, il alla voir le chef du village :

- Moi, Sadian, je ne peux plus vivre parmi des gens fainéants, menteurs et tricheurs !

Et sur ces mots, il décida de quitter Mogodougou pour aller s'installer dans la forêt, à Waradougou, le « village des animaux ».

- Partons, dit-il à sa femme Sanata. Là-bas, nous serons loin de ces gens insupportables.

Ainsi, Sadian partit avec sa femme, son fils Seba et sa fille Kamissa.

À Waradougou, chacun s'installa dans son nouveau rôle :

Sadian travaillait dur aux champs, Sanata passait ses journées au fleuve à laver le linge et puiser de l'eau. Seba menait les troupeaux au pâturage, tandis que Kamissa restait à la maison pour cuisiner et tenir la case en ordre.

La rencontre avec Bilissi

Un jour, alors qu'elle était seule, Kamissa reçut la visite d'un être extraordinaire.

Jamais elle n'avait vu pareille créature : il avait dix têtes, dix bras, dix pieds, et sa voix grondait comme le tonnerre. Ses yeux lançaient des éclairs, et à chaque parole, il semblait cracher du feu.

Petite fille, où sont ton père et ta mère ? demanda l'étrange visiteur.

- Mon père est au champ, ma mère au fleuve, répondit Kamissa, tremblante.

- Et ton frère ?

- Aux pâturages, avec les animaux.

- Alors apporte-moi le *tô*, ordonna l'inconnu.

- Va toi-même le chercher, répondit Kamissa courageusement.

L'homme se dirigea vers la cuisine, ses pas faisant trembler la maison, et mangea tout le tô.

Puis il réclama le couscous, puis la bouillie, et dévora tout ce que Kamissa avait préparé.

Quand les parents rentrèrent, Kamissa raconta ce qui s'était passé.

- Dix têtes ? Dix bras ? répéta son père, incrédule.

- Oui ! Si vous restez demain, vous le verrez de vos propres yeux.

Le lendemain, Sadian se cacha pour observer l'arrivée du monstre.

Quand Bilissi - car tel était son nom - entra et salua, sa voix fit trembler Sadian de la tête aux pieds. Terrifié, il s'évanouit.

Les jours suivants, Seba resta aussi pour l'affronter, mais lui aussi perdit connaissance en le voyant. Chaque jour, Bilissi venait, saluait, mangeait tout, et repartait.

L'acte de Sanata

Un jour, Sanata décida de rester à la maison. Quand Bilissi arriva et se mit à manger, elle sortit une poudre noire magique et la jeta sur lui.

En un éclair, Bilissi disparut !

Mais le lendemain, un autre Bilissi apparut, puis un autre encore, jusqu'à ce que toute la réserve de poudre magique soit épuisée.

Alors Sanata dit à son mari :

- Mon époux, j'ai tout essayé. Si nous restons ici, ces monstres finiront par nous dévorer. Je retourne à Mogodougou avec mes enfants, que tu viennes ou non !

Sadian, enfin assagi, répondit :

- Tu as raison. J'ai compris que les humains sont faits pour vivre ensemble, se protéger et s'accepter malgré leurs différences. Partons !

Et ainsi, la famille retourna à Mogodougou.

Sadian fit désormais l'effort de s'entendre avec les autres, de coopérer et de prêcher l'entraide.

À qui voulait l'entendre, il répétait :

« Même si nous sommes différents, les humains sont faits pour vivre ensemble, se protéger et s'entraider, malgré tout et contre tout. »

7. Un petit rien tue tout. La querelle des deux lézards

(Version malienne du conte)

Il était une fois, dans un village verdoyant, un chef de famille prospère. Sa vieille mère vivait encore auprès de lui et la concession familiale rassemblait plusieurs cases disposées autour d'un vaste enclos. Là, un chien, un coq, un bouc, un bœuf et un cheval circulaient en liberté.

Un jour, un vieillard respecté mourut dans un village voisin, à deux jours de marche. Le chef de famille dut s'absenter pour assister aux funérailles, accompagné de plusieurs villageois.

- Je me sens très fatiguée, dit la vieille mère à son fils. Reviens vite, mon fils.

- Sois sans crainte, répondit-il. Dans cinq ou six jours au plus, je serai de retour.

Avant de partir, le chef appela le chien :

- Pendant mon absence, tu garderas la maison. Tiens-toi à l'entrée de l'enclos et ne quitte pas ton poste. Si un problème survient, que le coq, le bouc, le bœuf ou le cheval interviennent pour rétablir l'ordre.

Le chien remua la queue, fier de la confiance qu'on lui accordait.

La querelle des lézards

Deux jours plus tard, à l'aube, alors que les premiers rayons du soleil coloraient les toits de chaume, le chien entendit un bruit étrange venant de la case de la vieille dame. À l'intérieur, elle dormait encore sous sa moustiquaire, une lampe à huile éclairant faiblement la pièce.

- Coq ! Coq ! appela le chien.

- Que veux-tu ? répondit le coq en relevant sa crête.

- Quel est ce bruit dans la case ?

- Deux lézards se battent au plafond pour une mouche morte, répondit le coq.

- Va les séparer, demanda le chien. La vieille dame est malade, le bruit risque de la déranger. Et puis, il n'y a pas de petite querelle : on ne sait jamais ce que cela peut causer.

Le coq ricana :

- Moi ? Roi de la basse-cour, chargé d'annoncer le lever du soleil ? Perdre mon temps pour une querelle de lézards ? Allons donc !

Et il retourna à ses grains de mil.

Le chien sollicita alors le bouc, le bœuf, puis le cheval, mais tous refusèrent, prétextant qu'une bagarre de lézards était une affaire trop insignifiante pour eux.

Le chien, impuissant, resta à son poste, le museau sur ses pattes.

Le drame

À force de se débattre, les deux lézards tombèrent sur la lampe. La flamme jaillit, toucha la moustiquaire et, en un instant, le lit s'embrasa. Des cris retentirent. On accourut avec des calebasses d'eau et on parvint à éteindre l'incendie, mais la vieille dame était grièvement brûlée.

Le guérisseur fut appelé en urgence. Après l'avoir examinée, il déclara :

- Il faut badigeonner les brûlures avec du sang de poulet et lui faire boire du bouillon de viande.

On captura le coq, qui se débattit de toutes ses forces, mais fut sacrifié.

- Ah, chien ! gémit-il en passant devant lui. Si seulement j'avais écouté ton conseil !

- Je te l'avais dit, répondit tristement le chien. Il n'y a pas de petite querelle…

Malheureusement, la vieille dame succomba avant même d'avaler une gorgée de bouillon.

La mort en chaîne

Il fallut prévenir le maître. Un jeune garçon enfourcha le pur-sang de la maison et partit au galop, le poussant à courir sans relâche jusqu'au village voisin. Éreinté, l'animal arriva couvert d'écume.

Sans attendre, le chef de famille sauta sur son dos pour revenir aussitôt. Cette fois, le cheval, à bout de souffle, s'effondra devant l'enclos, le cœur brisé.

- Ah, chien ! murmura-t-il avant de rendre son dernier soupir. Si seulement j'avais écouté ton avertissement !

Les funérailles exigèrent un sacrifice de bouc pour « ouvrir » rituellement la tombe. Le bouc, résigné, dit en passant :

- Chien, tu avais raison. Une querelle, si petite soit-elle, ne doit jamais être négligée…

Quarante jours plus tard, lors de la grande cérémonie du souvenir, on sacrifia le bœuf pour nourrir les visiteurs. Lui aussi, avant de mourir, confia au chien son regret de n'avoir rien fait.

Morale

Ainsi, à cause d'une simple querelle de deux lézards, le coq, le cheval, le bouc et le bœuf perdirent la vie, la vieille dame mourut et tout le village fut endeuillé.

Moralité : il n'y a pas de petite querelle ni de petit problème. Si on les ignore, ils peuvent grandir et tout détruire.

8. Nyiiwa, l'éléphant et Ngori le Coq

Il était une fois, au village, Nyiiwa l'éléphant et Ngori le coq.

Un jour, Ngori apporta un morceau de fer chez Baylo le forgeron pour qu'il lui fabrique une daba (houe). Le lendemain, Nyiiwa se rendit lui aussi chez le forgeron pour commander sa propre daba.

Arrivé sur place, il vit Baylo en train de travailler sur le fer de Ngori.

- Qui t'a donné ce travail ? demanda Nyiiwa.

- C'est Ngori le coq, répondit le forgeron.

- Nyiiwa, furieux, rugit :

- Enlève tout de suite ce fer-là et prends le mien !

Pris de peur, Baylo obéit et mit de côté le fer de Ngori.

Le lendemain, Ngori arriva et demanda :

- Baylo, ma daba est-elle prête ?

- J'étais en train de la fabriquer, mais Nyiiwa est venu, il m'a forcé à arrêter et à prendre son fer, répondit le forgeron.

Ngori se vexa :

- Alors remets de côté le fer de Nyiiwa et reprends le mien tout de suite!

Baylo obéit encore une fois.

Le lendemain, Nyiiwa revint et découvrit que son fer avait été enlevé. Sa colère fut terrible.

- Reprends mon fer tout de suite ! gronda-t-il. Et si Ngori ose se plaindre, dis-lui que je suis le plus fort !

Pour prouver sa force, Nyiiwa alla dehors, fit un énorme tas de fumier et dit au forgeron :

- Montre-lui ça. Qu'il sache à qui il a affaire !

Le lendemain, Ngori revint, vit le tas et éclata de rire.

- Alors c'est Nyiiwa qui a fait ça ? Eh bien regarde !

Il éparpilla le tas d'éléphant, fit son propre petit tas et dit fièrement :

- Montre-lui cela, et dis-lui que c'est ma force à moi !

Lorsque Nyiiwa revint et apprit ce que Ngori avait fait, il entra dans une rage folle.

- Dis-lui que je le défie ! Qu'il vienne avec tous les animaux qui ont des ailes. Moi, je viendrai avec tous ceux qui ont des sabots. Nous nous battrons !

La grande bataille

Le jour venu, Nyiiwa l'éléphant se présenta avec son armée : lions, panthères, buffles, antilopes, et même les singes.

Ngori le coq arriva avec les siens : vautours, autruches, perroquets, guêpes, abeilles, et tous les insectes volants.

Au signal, la bataille commença. Les singes grimpèrent aux arbres pour attaquer par le haut, mais l'épervier fondit sur eux et trancha la tête de l'un d'eux, qui tomba au sol. Cela mit le feu aux poudres : la bataille éclata.

Ngori sortit une calebasse qu'il avait remplie… non pas d'eau, mais d'abeilles et de guêpes ! Il souffla dans une trompette et libéra les insectes qui se ruèrent sur Nyiiwa et ses alliés. Les fourmis magnans s'engouffrèrent dans la trompe de l'éléphant, qui se mit à courir partout, fou de douleur, brisant les branches et piétinant ses propres alliés.

Voyant son armée en déroute, Nyiiwa s'enfuit à toutes jambes, creusant de profonds trous dans la terre sur son passage. La tortue, courant derrière, tomba dans l'un de ces trous et resta coincée.

Ngori et ses troupes prirent le dessus. La bataille était gagnée.

Morale

Ce conte nous enseigne une grande leçon : ne jamais sous-estimer les plus petits, même quand on est le plus fort.

La vraie sagesse consiste à respecter chacun, quelle que soit sa taille ou sa puissance.

9. Hediala, le roi despote, et le sage

(Conte peul, traduit par Amadou Hampâté Bâ)

Au cœur de la forêt régnait un roi cruel nommé Hediala.

Chaque matin, sa méchanceté donnait des sueurs froides à ses sujets.

Sourcils toujours froncés, il ne levait le bras que pour frapper, n'ouvrait la bouche que pour insulter.

Il obligeait les uns à avaler des flammes, les autres à lécher le tranchant d'un couteau… et Dieu sait quelles autres cruautés encore.

Or, dans la même contrée, vivait un homme connu pour sa grande sagesse. Tout le monde le respectait et venait écouter ses conseils. Cela suffit pour éveiller la jalousie d'Hediala.

- Faites-le venir, ordonna le roi. Je veux le mettre à l'épreuve !

Le jour venu, la foule s'assembla, impatiente de voir l'issue de la confrontation.

Hediala toisa le sage et lança d'un ton ironique :

- Il paraît que tu prétends tout savoir ?

- Seigneur, répondit calmement le sage, je ne connais que ce que je sais. Et ce que je sais n'est qu'une goutte d'eau dans l'océan de ce que j'ignore.

Le roi ricana :

- Ainsi, tu ne sais rien, et pourtant tu fais le fier parmi tes élèves ! Eh bien, puise dans ta fameuse goutte de savoir et réponds-moi :

Quand on laisse tomber un pilon dans un mortier vide, le bruit vient-il du pilon ou du mortier ? Réponds vite, sinon je te ferai pendre !

Le sage resta silencieux, puis dit calmement :

- Le bruit vient des deux.

- Dans quelle proportion ? insista le roi, ricanant.

- Dépêche-toi, toi qui te dis savant ! Ta science ne dépasse pas celle d'un pilon et d'un mortier !

À cet instant, un fou surgit de la foule. Il s'approcha du roi et, sans prévenir, lui donna une gifle retentissante.

- Ô Roi ! s'écria-t-il. Réponds-moi donc : ce bruit est-il sorti de ma main ou de ta joue, et dans quelle proportion ?

Un silence de plomb tomba sur la foule, puis tous éclatèrent de rire.

Hediala, confondu, ne trouva rien à dire.

Morale

Parfois, il faut un fou pour instruire un despote.

Et de même, dans les sociétés humaines, si le peuple ne trouve pas le courage de se dresser contre l'injustice, le tyran ne cessera jamais de l'humilier et de l'écraser.

10. Bojiel le lièvre, Ngeloba le dromadaire et Ngabu l'hippopotame

Un jour, Bojiel le lièvre voulut cultiver son champ de mil. Mais comme il n'avait pas la force nécessaire pour labourer, semer et sarcler, il imagina un plan rusé : se servir de la force des autres.

Il se rendit d'abord dans le désert pour voir Ngeloba le dromadaire.

- Ami Ngeloba, dit-il, j'ai un champ à cultiver. Veux-tu qu'on s'associe?

- D'accord, répondit Ngeloba. Mais comment allons-nous partager le travail et la récolte ?

- C'est simple, dit Bojiel. Le champ m'appartient, je l'ai hérité de mes ancêtres. Tu travailleras le jour, et moi, la nuit. À la récolte, nous partagerons le mil en deux parts égales.

Séduit par cette proposition, Ngeloba accepta.

Le soir, Bojiel traversa le fleuve et alla trouver Ngabu l'hippopotame.

- Ngabu, j'ai besoin de toi pour cultiver mon champ. Comme tu ne sors que la nuit, tu travailleras la nuit, et moi le jour. Nous partagerons la récolte en deux.

Ngabu accepta lui aussi.

Les travaux du champ

Les jours passèrent.

Chaque matin, Ngeloba venait labourer, semer et sarcler, et chaque nuit, Ngabu en faisait autant.

Chacun pensait que Bojiel travaillait en son absence et admirait son courage :

- Quel brave lièvre ! disaient-ils chacun de leur côté.

Bojiel, malin, se contentait de venir inspecter les travaux pour s'assurer que tout avançait bien.

Ainsi, grâce au travail acharné des deux géants, le champ fut magnifiquement cultivé.

La récolte

Un matin, Bojiel vit que le mil était mûr.

Il alla donc annoncer la date de la récolte à Ngeloba et à Ngabu, leur donnant rendez-vous pour la semaine suivante.

Mais, avant le jour convenu, Bojiel, accompagné de sa femme et de ses enfants, vint en secret et récolta tout le mil.

Le jour du rendez-vous, Ngeloba et sa famille, Ngabu et la sienne arrivèrent au champ… et trouvèrent les tiges nues.

- Nous avons été trompés ! s'écrièrent-ils.

Furieux, ils se jurèrent de tuer Bojiel le lièvre.

Depuis ce jour, dit-on, le lièvre court sans cesse, se retournant toujours à gauche et à droite, de peur d'être rattrapé par Ngeloba le dromadaire et Ngabu l'hippopotame.

Morale

Ce conte nous rappelle que la ruse peut parfois donner l'avantage au plus faible… mais qu'elle entraîne aussi une vie passée à fuir les conséquences de ses actes.

11. L'homme riche et la poignée de poussière

(Conte peul, traduit par Amadou Hampâté Bâ)

Dans un village vivait un homme extrêmement riche.

Chaque matin, il se tenait devant sa maison pour observer les allées et venues.

Il remarqua qu'un pauvre passait chaque jour devant sa porte pour aller dans la brousse ramasser du bois mort, qu'il revendait ensuite pour nourrir sa famille.

Un jour, le riche l'interpella :

- Chaque matin, je te vois passer. Ta pauvreté me fait pitié. Dorénavant, viens chaque matin me demander ce qu'il te faut pour vivre ; ainsi, tu n'auras plus à peiner dans la brousse.

Le lendemain, le pauvre se présenta devant le riche, le salua et attendit.

- Combien te faut-il pour la journée ? demanda le riche, la main dans sa poche.

- Donne-moi une poignée de poussière, répondit le pauvre, cela suffira largement.

Surpris, mais amusé, le riche se baissa, ramassa une poignée de poussière et la lui donna.

Le pauvre remercia chaleureusement, comme s'il venait de recevoir de l'or, et partit effectuer son travail habituel.

Les jours, puis les mois passèrent.

Chaque matin, le pauvre venait recevoir sa poignée de poussière, et le riche la lui donnait sans discuter.

Mais un beau matin, lorsque l'homme se présenta de nouveau, le riche s'exclama d'un ton agacé :

- Écoute, mon ami ! Si tu veux ta poignée de poussière, donne-toi la peine de te baisser toi-même. Je commence à en avoir assez !

Alors le pauvre éclata de rire :

- Ô homme riche ! dit-il. Te voilà fatigué de me donner une simple poignée de poussière qui ne te coûte que de te pencher pour la ramasser. Imagine si chaque matin je venais tendre la main pour recevoir de toi une pièce d'argent !

Puis il conclut :

- Laisse-moi donc continuer à nourrir ma famille par la sueur de mon front. Elle seule ne m'humiliera jamais. Mais la charité d'autrui finit toujours par lasser celui qui la donne.

Morale

« Le mot Tiens ! finit toujours par lasser celui qui le dit. »

Même le plus léger des dons devient lourd lorsqu'il est répété trop souvent.

12. Le choix du peuple : le méchant sincère ou le méchant hypocrite ?

Le choix du peuple : le méchant sincère ou le méchant hypocrite ?

Il était une fois, dans un royaume lointain, les habitants devaient élire leur prochain roi.

Mais le choix qui s'offrait à eux les plongeait dans une grande confusion : ils devaient choisir entre un homme méchant mais hypocrite et un homme méchant mais sincère.

Inquiets et angoissés, ils décidèrent de consulter un vieux sage du pays. Ils se rendirent chez lui, le saluèrent respectueusement et lui exposèrent leur dilemme.

- Sage vénéré, dit l'un d'eux, nous devons élire celui qui dirigera notre royaume. Mais voilà : l'un est méchant et hypocrite, l'autre est méchant mais sincère. Nous sommes perdus. Que devons-nous faire ?

Le sage resta silencieux un moment, puis répondit calmement :

- Choisissez le méchant sincère.

Les habitants, surpris, demandèrent pourquoi.

- Parce qu'un méchant sincère vous avertit de sa nature. Vous savez à qui vous avez affaire et pouvez-vous protéger ou limiter les dégâts. Mais un méchant hypocrite dissimule ses véritables intentions. Il vous séduira par de belles paroles et vous détruira lentement, sans que vous n'ayez le temps de réagir.

Les habitants se regardèrent, hochant la tête, puis le remercièrent.

Au moment de partir, l'un d'eux posa une autre question :

- Et si un jour nous devons choisir entre un dirigeant autoritaire mais hypocrite et un dirigeant autoritaire mais sincère, quel serait votre conseil ?

- Toujours le sincère, répondit le sage sans hésiter.

Un autre ajouta :

- Et si nous devions choisir entre deux dirigeants gentils, l'un hypocrite et l'autre sincère ?

- Là encore, choisissez le sincère, répondit le sage. Quelle que soit la situation, le sincère est toujours préférable à l'hypocrite. Car avec le sincère, vous voyez la réalité en face et vous pouvez agir. L'hypocrite, lui, vous aveugle jusqu'à ce qu'il soit trop tard.

Les habitants repartirent rassurés et décidés à faire le bon choix.

Morale

Mieux vaut un adversaire sincère qu'un ami hypocrite.

La sincérité, même brutale, vous permet d'anticiper et de vous préparer; l'hypocrisie, elle, vous endort jusqu'à ce qu'il soit trop tard.

13. Le pari manqué de Waandu le singe et Bojiel le lièvre

Tout le monde savait que Waandu le singe ne pouvait rester un instant sans se gratter.

Tout le monde savait aussi que Bojiel le lièvre, curieux de nature, passait son temps à se retourner à gauche et à droite pour voir ce qui se passait autour de lui.

Un matin, sous un grand acacia de la forêt, les deux compères se rencontrèrent.

- Waandu, dit Bojiel, sais-tu ce que les gens disent de toi ?

- Non, répondit le singe, intrigué.

- Ils disent que tu ne peux pas rester une seconde sans te gratter, et que ta mère t'a mis au monde dans une fourmilière ! Les fourmis seraient encore dans ta peau, ce qui t'oblige à te gratter sans arrêt.

- Faux ! protesta Waandu. Je peux rester des heures sans me gratter ! Ceux qui disent cela mentent.

- Et toi, répliqua Waandu en riant, avec tes grandes oreilles qui regardent le ciel, sais-tu ce que les gens disent de toi ? Que tu ne peux pas passer une minute sans te retourner à gauche et à droite, comme si tu n'avais confiance en personne !

- Archi-faux ! s'offusqua Bojiel. Je peux rester immobile sans me retourner si je le veux.

- Alors faisons un pari, proposa Waandu.

- D'accord, répondit Bojiel.

Les deux amis se placèrent face à face et l'épreuve commença.

Ils restèrent immobiles, concentrés, sans bouger ni parler.

Au bout de quelques minutes, Bojiel proposa :

- Et si nous nous racontions des histoires pour passer le temps ?

- Bonne idée, répondit Waandu. Commence !

Bojiel raconta :

- Il y a longtemps, j'ai participé à une guerre terrible ! Les balles sifflaient de partout : à gauche, à droite, à gauche encore ! Oh mon Dieu, c'était effrayant.

Waandu éclata de rire et répondit :

- Ça, ce n'est rien ! Moi aussi j'ai connu une guerre, mais bien plus terrible que la tienne. Les balles ne faisaient pas que siffler, elles nous frappaient de plein fouet ! Sur la poitrine, la cuisse gauche, la cuisse droite, le dos, les épaules… Même la tête ! Et une a failli me toucher les fesses !

À ces mots, Waandu se mit à se gratter partout en mimant les impacts.

Bojiel, hilare, se mit à sauter :

- J'ai gagné ! Tu t'es gratté !

Mais Waandu répliqua :

- Pas si vite ! Toi, tu t'es retourné dès que tu as parlé de balles qui sifflaient à gauche et à droite !

Depuis ce jour, lorsqu'un pari se termine sans gagnant, on dit :

« C'est le pari de Bojiel le lièvre et de Waandu le singe. »

Morale

Un pari qui mêle défi, malice et orgueil finit souvent… sans vainqueur!

14. L'hyène et le chevreau

(Conte peul, traduit par Amadou Hampâté Bâ)

Un jour, une hyène rôdait aux abords d'un village.

Elle découvrit un chevreau mort et, tout heureuse, s'en saisit. Elle s'éloigna du village, le traîna jusqu'à un bouquet d'arbres pour le dévorer tranquillement.

Mais au moment de se régaler, elle aperçut, au loin, un groupe d'hyènes qui s'avançait droit vers elle.

Craignant qu'elles ne lui arrachent son festin, elle cacha rapidement le chevreau, puis alla s'asseoir au bord de la route.

Là, elle se mit à roter et à bâiller bruyamment :

- Bwaah ! Bwaah ! Bwaah !

Les autres hyènes, intriguées, s'arrêtèrent :

- Eh bien, Sœur Hyène, que se passe-t-il ?

- Courez vite au village ! répondit-elle. Tout le bétail est mort et l'on a jeté les carcasses au dépotoir.

J'ai mangé à ma faim, et maintenant je rentre dormir.

À cette nouvelle, les hyènes partirent à toute allure vers le village, soulevant un énorme nuage de poussière.

L'hyène, voyant ce spectacle, se dit :

- Mon mensonge est devenu vérité ! Car jamais un simple mensonge ne soulèverait un tel nuage de poussière !

Et, oubliant son chevreau, elle se mit elle aussi à courir vers le village en criant :

- C'est devenu la vérité ! C'est devenu la vérité !

Morale

À force d'être répété, le mensonge finit par sembler vrai, même aux yeux de celui qui l'a inventé.

15. L'homme, le garçon et l'âne

**(Traduit du peul, d'après Yero Doro Diallo,
Maalaw e bamngel mum)**

Il était une fois un homme et son fils qui menaient leur âne au marché. Ils marchaient tranquillement, tenant l'animal par la bride, quand ils croisèrent un paysan.

- Mais c'est insensé ce que vous faites ! dit celui-ci. À quoi sert un âne, sinon à être monté ?

Alors l'homme plaça son fils sur le dos de l'âne et reprit la route.

Peu après, ils passèrent devant un groupe d'hommes.

- Voyez ce garçon paresseux ! dirent-ils. Il laisse son pauvre père marcher tandis qu'il se repose sur l'âne !

L'homme, gêné, fit descendre le garçon et monta à son tour.

Mais un peu plus loin, deux femmes les croisèrent.

- Quelle honte ! dit l'une. Voilà un père sans cœur qui se fait porter et laisse son enfant marcher à pied !

L'homme, embarrassé, fit monter son fils avec lui sur le dos de l'animal.

Arrivés en ville, les passants éclatèrent de rire et les montrèrent du doigt:

- N'avez-vous pas honte de surcharger ainsi votre pauvre âne ? Regardez comme il ploie sous votre poids !

À bout d'idées, l'homme et son fils descendirent et réfléchirent longuement.

Finalement, ils coupèrent une longue perche, y attachèrent les pattes de l'âne et, chacun d'un côté, soulevèrent la perche sur leurs épaules.

Leur étrange cortège traversa les rues sous les rires de toute la ville.

Mais en arrivant sur un pont, l'âne se débattit, fit tomber le garçon de son côté de la perche, et dans la lutte, tomba à l'eau.

Ses pattes étant liées, il se noya.

Morale

À vouloir plaire à tout le monde, on finit par ne plaire à personne… et parfois, on perd tout.

16. La course du lapin et de la tortue

Il était une fois un lapin qui ne cessait de se vanter :

- Je suis l'animal le plus rapide de la forêt ! Personne ne peut me battre à la course !

Partout où il passait, il répétait les mêmes phrases, agaçant de plus en plus les autres animaux.

Un jour, le lion, roi de la forêt, décida d'organiser une grande course afin de vérifier si le lapin disait vrai.

La plupart des animaux refusèrent de participer, convaincus que le lapin gagnerait sans difficulté. Mais à la surprise générale, la tortue s'avança et dit calmement :

- Moi, je participerai.

Tous les animaux éclatèrent de rire.

- Tortue, tu es la plus lente de nous tous !

- Tu n'as aucune chance !

- Le lapin est cent fois plus rapide que toi !

Mais la tortue resta silencieuse. Elle se concentra sur son objectif et se prépara pour la course.

Le jour venu, le lapin éclata de rire en voyant son adversaire :

- Toi ? Contre moi ? Cette course sera ridicule !

Le lion donna le signal de départ.

Le lapin bondit comme une flèche, laissant la tortue loin derrière. Il était tellement en avance qu'il ne la voyait même plus.

- Pauvre tortue ! pensa-t-il. Elle n'arrivera jamais !

Alors qu'il courait, le lapin aperçut un champ de carottes. Tenté, il s'arrêta pour en manger.

Il se régala tant qu'il eut le ventre lourd, puis s'allongea dans l'herbe et s'endormit profondément.

Pendant ce temps, la tortue avança, pas après pas, avec patience et persévérance.

Elle finit par dépasser le lapin endormi et franchit la ligne d'arrivée sous les acclamations des autres animaux.

Quand le lapin se réveilla et vit ce qui s'était passé, il fut honteux de sa négligence.

Morale

La vantardise et la distraction sont les ennemies de la réussite.

Même si vous êtes doué ou rapide, restez concentré sur votre objectif et avancez avec constance.

Le lapin avait la vitesse, mais la tortue avait la persévérance — et c'est elle qui remporta la victoire.

17. La fille du roi lion

Il y a très, très longtemps, à l'époque où la forêt était abondante et regorgeait de fruits, les animaux vivaient en parfaite harmonie.

Ils formaient un véritable royaume, placé sous l'autorité d'un roi respecté : le lion.

Dans ce royaume bien organisé, les mariages entre espèces étaient possibles, et chacun vivait heureux.

Or, le roi lion avait une fille, une princesse d'une beauté à couper le souffle.

Elle était non seulement belle, mais aussi polie, intelligente et ingénieuse.

Tous les animaux de la forêt étaient tombés amoureux d'elle et souhaitaient l'épouser.

Chaque jour, du lever au coucher du soleil, les prétendants se pressaient au palais, les bras chargés de cadeaux, pour demander sa main.

Le roi, qui connaissait bien ses sujets, voulait s'assurer que sa fille épouserait l'animal le plus digne d'elle.

Il convoqua alors une grande assemblée.

- Animaux de la forêt, dit le roi, je sais que vous souhaitez tous épouser ma fille. Mais avant de la donner en mariage, je dois m'assurer qu'elle sera entre de bonnes mains.

Je ne demande ni cadeaux ni richesses. Je veux que son époux soit le plus intelligent d'entre vous.

Puis, montrant un immense baobab au centre de la cour, il déclara :

- Celui qui réussira à percer ce baobab de part en part avec une flèche remportera la main de ma fille.

Les animaux furent stupéfaits : percer un tel arbre semblait impossible. Certains commencèrent à s'entraîner pour renforcer leurs muscles, convaincus que seule la force brute pouvait venir à bout d'un tel défi.

Mais Bojiel le lièvre, lui, savait qu'il ne pourrait jamais rivaliser en force avec les éléphants ou les tigres.

Il alla voir un oiseau et lui demanda :

- Ami, peux-tu percer un petit trou à travers ce baobab, de part en part ?

L'oiseau accepta et perça le tronc.

Puis Bojiel alla voir l'araignée :

- Amie araignée, peux-tu recouvrir les deux trous avec ta toile pour que personne ne les voie ?

L'araignée accepta.

Le grand jour

Tous les animaux se rassemblèrent, chacun avec sa flèche.

Le lion, accompagné de sa fille, donna le signal.

Les tigres lancèrent leurs flèches, sans succès.

Les buffles échouèrent aussi.

Puis vint le tour de l'éléphant. Tous pensaient qu'il réussirait, mais sa flèche ne fit que s'enfoncer dans le tronc avant de se bloquer.

Enfin, ce fut le tour du lièvre.

Les animaux éclatèrent de rire.

- Où vas-tu, petit lièvre ? Tu n'as aucune chance !

Mais le roi les fit taire.

- Chacun a droit à son essai. Laissez-le tirer.

Bojiel visa calmement et décocha sa flèche…

À la stupéfaction générale, la flèche traversa le baobab de part en part et ressortit de l'autre côté !

Un silence respectueux tomba sur l'assemblée, puis des applaudissements éclatèrent.

Tous félicitèrent le lièvre pour son exploit.

Le roi sourit et déclara :

- Petit lièvre, je sais que ce n'est pas ta force qui t'a permis de réussir, mais ton intelligence et ta capacité à coopérer avec tes amis. C'est cela qui fera de toi un bon époux pour ma fille.

Et c'est ainsi que Bojiel le lièvre épousa la princesse lionne.

Morale

La force seule ne suffit pas : c'est l'intelligence, alliée à la coopération, qui ouvre les plus grandes portes.

Cette histoire nous rappelle que la ruse et la sagesse sont parfois plus puissantes que les muscles.

18.   Le partage du lion

Un jour, le lion, l'hyène et le chien décidèrent de se partager trois animaux qu'ils venaient d'abattre : un bœuf, une chèvre et un agneau.

Le lion, en tant que roi des animaux, dit au chien :

- Toi qui es le plus jeune, fais donc le partage.

Le chien s'exécuta :

- Puisque tu es le plus grand, tu prendras le bœuf. L'hyène prendra la chèvre. Et moi, j'emporte l'agneau.

Mais cette proposition ne plut pas du tout au lion.

Fou de colère, il bondit sur le chien et le frappa si violemment que ses entrailles jaillirent.

Le pauvre chien mourut sur place, la gueule grande ouverte, les dents découvertes.

Alors, le lion se tourna vers l'hyène :

- Hyène ! C'est ton tour. Fais le partage à présent !

Tremblante, l'hyène s'inclina profondément :

- Ô roi ! Tout est déjà partagé. Le bœuf sera pour ton petit-déjeuner, la chèvre pour ton déjeuner et l'agneau pour ton dîner.

Le lion éclata de rire :

- Et qui t'a appris à partager ainsi ?

- Celui qui est étendu là-bas, répondit l'hyène en montrant le chien mort, la bouche encore ouverte.

Morale

La peur est parfois la meilleure école... mais elle coûte cher à celui qui sert de leçon.

19. C'est dans le besoin que l'on reconnaît ses vrais amis

(Conte peul, traduit par Alassane Abou Ba)

Il était une fois, dans un grand village, un jeune garçon nommé Pathé. Fils unique, il était la prunelle des yeux de ses parents.

Pathé était beau, intelligent et charmeur. Sa gentillesse et son charisme attiraient tous les enfants du quartier.

Chaque jour, de nouveaux camarades venaient jouer avec lui, et son cercle d'amis semblait sans fin.

Un soir, alors qu'il s'apprêtait à se coucher, Pathé dit fièrement à sa mère:

- Maman, j'ai plus d'amis que n'importe quel enfant de ce quartier !

Sa mère sourit et répondit :

- Es-tu sûr qu'ils sont vraiment tes amis ?

- Oui, bien sûr, affirma Pathé sans hésiter.

La mère réfléchit un instant, puis dit :

- Demain, nous allons faire une expérience pour voir lesquels de ces enfants sont tes vrais amis. Ton père abattra un mouton pour notre invité. Je veux que tu prennes un peu de son sang, que tu en barbouilles tes mains et tes vêtements. Ensuite, va trouver chacun de tes amis et dis-leur que tu as tué quelqu'un et que tu es recherché par la police. Demande-leur de t'aider à te cacher. Celui qui acceptera de t'aider sera ton véritable ami.

Pathé, obéissant, accepta.

L'épreuve

Le lendemain, il fit ce que sa mère lui avait conseillé. Couvert de sang, il courut à travers les rues, l'air paniqué.

Son premier ami, Ali, le vit et s'écria :

- Pathé ! Que t'est-il arrivé ?

Pathé haletant répondit :

- Ali, j'ai tué quelqu'un ! Cache-moi, sinon on m'arrêtera !

Ali recula, horrifié :

- Quoi ?! Tu es un meurtrier ? Je ne te connais pas ! Pars avant qu'on pense que je suis ton complice !

Un à un, Pathé alla voir tous ses autres amis.

Tous prirent peur et le fuirent.

Seul Yéro réagit autrement.

Quand il vit Pathé en sang, il accourut et dit :

- Mon frère ! Que t'est-il arrivé ? Qui t'a fait ça ?

Pathé répondit :

- J'ai été attaqué, j'ai tué mon agresseur et maintenant la police me cherche. Cache-moi, je t'en supplie !

Sans hésiter, Yéro l'emmena chez lui et le cacha.

Une fois à l'abri, Pathé lui expliqua que tout cela n'était qu'un test, imaginé par sa mère pour découvrir qui était son véritable ami.

Leçon et morale

Pathé ramena Yéro chez lui. Sa mère les accueillit avec un sourire :

- Mon fils, voici ton véritable ami. Les autres n'étaient que des compagnons de jeu. Un vrai ami, c'est celui qui reste à tes côtés dans les moments difficiles.

Depuis ce jour, Pathé et Yéro devinrent inséparables.

Ils prêtèrent même serment de s'aider mutuellement dans l'adversité.

Comme le dit le proverbe : un ami fidèle vaut mieux que mille parents.

20.   Le pigeon et l'aiguille

Il fut un temps, un temps merveilleux où tous les éléments de la nature vivaient en parfaite harmonie.

Les animaux, les plantes et même les objets semblaient être liés par une belle amitié.

C'était une époque où tout respirait la paix et la joie.

Dans ce monde enchanté vivaient deux grands amis : le pigeon et l'aiguille.

Ils étaient inséparables : ils mangeaient ensemble, buvaient ensemble, se reposaient ensemble.

Rien ne pouvait troubler leur belle camaraderie.

Un jour, ils décidèrent d'aller cueillir des fruits dans la forêt.

Arrivés sur place, le pigeon grimpa sur un grand arbre pour couper les fruits et les faire tomber au sol.

L'aiguille, restée en bas, était censée les ramasser pour les partager.

Mais voilà que l'aiguille, au lieu de les mettre de côté, les mangea tous avant que le pigeon ne descende de l'arbre.

Quand le pigeon revint sur le sol, il demanda :

- Où sont les fruits que j'ai fait tomber ?

L'aiguille, d'abord silencieuse, finit par avouer :

- Je les ai tous mangés.

Le pigeon se fâcha :

- Comment peux-tu faire cela ? Pendant que je me blessais sur cet arbre plein d'épines, tu dévorais tout sans rien laisser !

Une violente dispute éclata entre les deux amis.

Le pigeon, furieux, insulta l'aiguille et la chassa.

Humiliée et en colère, l'aiguille partit se chauffer au soleil jusqu'à devenir brûlante.

Puis elle revint et, dans un élan de vengeance, se jeta sur le pigeon et le brûla si fort qu'il en mourut.

Sur le chemin du retour, l'aiguille rencontra la mère du pigeon, qui lui demanda :

- Petite aiguille, où est mon fils ?

L'aiguille répondit :

- Il m'a frappée et je l'ai brûlé.

Morale

La trahison et la vengeance détruisent l'amitié et mènent au malheur.

La colère peut transformer un ami en ennemi et briser à jamais une belle relation.

21. La pierre sacrée et les paroles oubliées

(Conte peul du Fouta, traduit en français)

Il était une fois, à une époque merveilleuse, les humains et les animaux vivaient ensemble dans la paix, le respect et l'harmonie.

Nul ne chassait l'autre, nul ne mordait l'autre. Hommes et bêtes formaient une grande communauté, partageant la même joie de vivre.

La pluie était généreuse, les arbres ployaient sous les fruits, et la terre produisait à profusion.

Mais un jour, survint une grande sécheresse. La saison des pluies avait été mauvaise, les récoltes furent désastreuses et la famine s'abattit sur les hommes et les animaux. Peu à peu, tous commencèrent à mourir de faim.

Un jour, les humains décidèrent de s'aventurer dans la forêt pour trouver de quoi se nourrir.

Après avoir marché longtemps, ils découvrirent une pierre mystérieuse, recouverte de mousse et de lianes.

Leur intuition leur souffla qu'elle cachait quelque chose de précieux.

Comme ils connaissaient le langage des choses, transmis par leurs ancêtres, ils prononcèrent à voix haute :

- Hayré buriyaniane !

À ces mots, la pierre se fendit et s'ouvrit lentement.

À l'intérieur se trouvait un trésor : des montagnes de fruits, de graines et de nourriture en abondance !

6

Les hommes entrèrent, se régalèrent et remplirent leurs paniers. Avant de partir, ils dirent :

- *Hayré kibbiri kip !*

Aussitôt, la pierre se referma.

Le lendemain, le lièvre, curieux, suivit les humains en cachette et observa tout.

Quand ils partirent, il s'approcha de la pierre, répéta les mots magiques:

- *Hayré buriyaniane !*

La pierre s'ouvrit de nouveau.

Le lièvre entra, mangea à sa faim et ressortit repu, le ventre rond et le sourire aux lèvres.

Sur le chemin du retour, il rencontra l'hyène. Celle-ci, intriguée par sa mine réjouie, lui demanda :

- Lièvre ! Où as-tu trouvé à manger en ce temps de famine ?

Le lièvre lui raconta toute l'histoire.

Impatiente et sans réfléchir, l'hyène se précipita vers la forêt.

Arrivée devant la pierre, elle prononça :

- Hayré buriyanne !

La pierre s'ouvrit et l'hyène se jeta sur la nourriture.

Elle mangea, mangea encore, jusqu'à ce que son ventre soit gonflé.

Mais quand il fallut sortir, elle avait oublié les mots pour refermer la pierre et resta coincée à l'intérieur…

Morale

Celui qui observe et écoute attentivement apprend et réussit.

Celui qui se précipite sans comprendre échoue et se met en danger.

22. Le Caméléon, sage parmi les sages

(Conte et leçon de sagesse d'Afrique)

Dans la sagesse africaine, le caméléon n'est pas qu'un simple animal.

Il est le symbole de la prudence, de l'adaptation et de la constance dans ses objectifs.

Dans sa démarche, lente et réfléchie, il incarne l'homme avisé qui ne se laisse pas distraire.

Le caméléon ne tourne jamais la tête à droite ni à gauche : il avance droit vers son but.

Seuls ses yeux, indépendants, scrutent l'horizon et surveillent tout autour de lui.

Ainsi, il reste concentré sur sa direction tout en observant les conditions de son environnement.

Sa capacité à changer de couleur n'est pas hypocrisie, mais signe d'une sagesse supérieure :

il s'adapte aux lieux et aux circonstances, afin de ne heurter personne et de poursuivre son chemin en paix.

Le caméléon ne se précipite jamais.

Il avance en posant chaque patte avec douceur, comme pour tester le sol avant de s'y engager.

Sa queue, préhensible, reste toujours accrochée à une branche, assurant sa sécurité même lorsqu'il se balance dans le vide.

Et sa langue, longue et précise, incarne la prudence ultime :

il la projette vers sa proie, mais peut la ramener si les conditions ne sont pas favorables.

Cette image nous rappelle l'importance de tâter le terrain avant d'agir et de ne s'engager que lorsqu'on est sûr de réussir.

Ainsi, le caméléon devient un modèle de sagesse pour tous, mais plus encore pour les chefs et les rois :

il leur enseigne de ne jamais engager la destinée de leur peuple dans une aventure incertaine sans avoir observé, réfléchi et assuré leurs arrières.

Morale

Comme le caméléon, avançons lentement, observons attentivement, adaptons-nous aux circonstances et ne nous engageons qu'en toute sécurité.

23. La femme du pauvre et l'homme riche

(Conte peul recueilli et traduit par Alassane Abou BA, professeur au Sénégal)

Il y a bien longtemps, vivaient dans un petit village un paysan très pauvre et son épouse.

Leur maison était modeste, ils possédaient seulement une petite ferme, un âne et quelques animaux domestiques.

Malgré leurs difficultés à assurer trois repas par jour, ils formaient un couple profondément uni et heureux.

La femme du paysan était d'une beauté éclatante.

Elle était douce, intelligente et d'une grâce qui faisait l'admiration – et parfois l'envie – de tout le village.

Pourtant, jamais elle ne se plaignait de sa condition. Elle se contentait de ce que son mari pouvait lui offrir et ne rêvait d'aucun autre homme.

Les gens murmuraient souvent :

« Comment une femme si belle peut-elle rester avec un homme si pauvre ? »

Mais elle ne prêtait aucune attention aux ragots. Pour elle, la vraie richesse était l'amour sincère qu'elle partageait avec son mari.

Un jour, le roi du village, un homme immensément riche et puissant, sortit avec sa suite.

En chemin, il aperçut la femme du paysan qui revenait de la ferme.

Ébloui par sa beauté, il s'arrêta net et demanda à ses vassaux de s'informer sur elle.

Lorsqu'il apprit qu'elle était seule à la maison, il décida d'aller la voir.
La jeune femme balayait la cour lorsqu'elle entendit frapper à sa porte.
Elle s'avança et fut stupéfaite de découvrir le roi en personne devant
elle.

- Belle dame, dit le roi, je désire être ton ami. Je peux te donner tout
ce que tu veux : de l'or, des diamants, des étoffes rares… Tu es bien
trop belle pour vivre dans cette maison pauvre. Viens avec moi, je te
rendrai heureuse.

La femme écouta calmement, puis répondit :

- Seigneur, j'ai déjà un ami, et c'est le meilleur que je puisse avoir :
mon mari. Il est pauvre, mais c'est lui que j'aime et avec qui je veux
partager ma vie. Votre or et vos diamants ne peuvent pas acheter mon
cœur. Ce que nous avons vaut bien plus que toutes vos richesses :
c'est le véritable bonheur.

Le roi, surpris et humilié par ces paroles, repartit sans rien ajouter.

Morale

L'amour et la dignité ne s'achètent pas.

L'argent peut acheter des biens, mais jamais le respect, la fidélité ni le
bonheur véritable.

24.   Le contrat social

(Conte africain revisité)

Il était une fois, au cœur d'une vaste forêt, un lion, une hyène et un lièvre qui avaient décidé de vivre ensemble.

Ils construisirent une grande hutte où chacun avait son espace pour dormir. Afin de préserver la paix et l'harmonie, ils rédigèrent un contrat social, composé de trois règles :

Chaque matin, chacun devait partir chercher sa propre nourriture, sans dépendre des autres.

La nuit, chacun devait rester dans son espace de sommeil, sans déranger les autres.

Il était strictement interdit d'héberger un étranger, surtout un être humain, car la région était infestée de criminels et cela pouvait mettre tout le groupe en danger.

Ainsi, jours et nuits passèrent. Les semaines devinrent des mois, puis des années, et tout se déroulait en parfaite harmonie.

Mais un soir, alors que le lion et le lièvre se reposaient, un coup résonna à la porte.

C'était un homme qui s'était égaré dans la forêt.

- S'il vous plaît, dit-il, laissez-moi passer la nuit ici. Je ne retrouve plus mon chemin.

Le lion eut pitié de lui. Malgré la règle, il le fit entrer, le nourrit et lui donna un coin pour dormir.

Lorsque l'hyène rentra de la chasse, elle découvrit un étranger installé à l'intérieur. Surprise et indignée, elle demanda :

- Que se passe-t-il ici ? Quelqu'un dort dans mon espace !

Le lion, calmement, répondit :

- C'est un voyageur fatigué. La nuit est courte, dors où tu peux et nous réglerons cela demain.

L'hyène s'éloigna, contrariée, et alla se coucher près de la porte.

Mais au milieu de la nuit, l'homme se réveilla et demanda :

- Puis-je sortir pour faire mes besoins ?

Le lion lui montra l'endroit prévu à cet effet.

Avant de sortir, l'homme prit discrètement son petit sac.

- Étrange, pensa l'hyène. Pourquoi emporter ce sac juste pour faire pipi?

Quelques instants plus tard, un coup de feu retentit ! L'homme avait tiré sur la hutte.

Pris de panique, le lion, le lièvre et l'hyène s'enfuirent dans la forêt pour sauver leur vie.

Morale

Les règles établies pour protéger la communauté ne doivent pas être brisées.

Un seul manquement peut mettre en danger tout le groupe.

La confiance est précieuse : il faut la respecter pour préserver l'harmonie.

25.   Les trois hommes

Il était une fois trois hommes qui vinrent passer la journée dans une maison. À leur arrivée, ils découvrirent que le maître des lieux était parti aux champs. Seuls sa femme et leur petit garçon se trouvaient à la maison.

La femme, accueillante et chaleureuse, les invita à entrer et leur prépara un repas. Quand tout fut prêt, elle les appela à table. Les trois hommes s'assirent avec le petit garçon pour manger.

Le plat qui leur fut servi présentait trois particularités : il était très modeste en quantité, un peu trop liquide et, de surcroît, brûlant.

Après la première bouchée, le premier homme s'exclama :

- À vrai dire, ce repas est bien trop petit... nous ne serons jamais rassasiés !

Le second ajouta :

- Non seulement la quantité est minuscule, mais il y a tellement d'eau qu'on pourrait presque s'y baigner !

Le troisième renchérit :

- Et en plus, c'est brûlant ! Impossible de le manger tranquillement !

Alors le petit garçon, qui avait écouté calmement, prit la parole :

- Messieurs, permettez-moi de vous dire la vérité. Si le repas est si petit, c'est la faute de mon père. S'il avait récolté plus de mil, ma mère aurait pu préparer une plus grande quantité. Si le repas est trop liquide, c'est la faute de ma mère : c'est elle qui a mis trop d'eau dans la marmite. Et si c'est trop chaud, là, c'est notre faute à tous. Si nous avions un peu plus de patience, nous laisserions le repas tiédir avant de le manger et nous ne nous brûlerions pas la langue.

Les trois hommes se regardèrent, impressionnés par la sagesse du jeune garçon, et se mirent à rire.

Morale :

Les responsabilités sont souvent partagées : plutôt que de rejeter la faute sur les autres, il faut reconnaître la part de chacun et agir avec patience.

(Conte recueilli et traduit en français par Bathia Ba, professeur de littérature anglaise à Dakar, Sénégal.)

26. Ne jugez pas un livre à sa couverture !

Il était une fois un berger nomade qui possédait de grandes richesses : du bétail, de l'or et de l'argent qu'il transportait toujours avec lui. Après de longues années d'errance, il décida de rentrer et de s'installer dans son village natal.

Mais à l'approche de son village, il apprit une terrible nouvelle : une guerre sanglante ravageait la région. Les routes étaient infestées de bandits de grand chemin. Craignant d'être dépouillé de ses biens, il chercha quelqu'un à qui confier ses trésors en toute sécurité avant de poursuivre sa route.

Il se rendit au lieu de prière du village, un endroit où les habitants se réunissaient régulièrement. Là, parmi la foule, il remarqua un homme qui se distinguait par sa piété et ses bonnes paroles. Toujours en prière, toujours bienveillant avec les autres, il inspirait confiance.

Le berger s'approcha et lui dit :

- Frère, je suis un étranger et je ne connais personne ici. On m'a dit qu'il y a des bandits sur la route de mon village. J'ai de grandes richesses avec moi, et j'ai vu en toi un homme digne de confiance. Je voudrais te les confier jusqu'à mon retour.

L'homme pieux répondit :

- Tu peux me laisser tes biens. Je les garderai en lieu sûr jusqu'à ton retour.

Sous un petit arbre, les deux hommes conclurent leur accord. Le berger remit toutes ses richesses à l'homme et repartit vers son village natal.

Cinq mois plus tard, le berger revint et alla directement chez l'homme pieux. Mais à sa grande surprise, celui-ci fit mine de ne pas le connaître.

- Qui es-tu ? demanda-t-il froidement. Je ne t'ai jamais vu de ma vie.

Le berger, abasourdi, le supplia de lui rendre ses biens, mais l'homme persista à nier. Désespéré, le berger alla porter plainte auprès du roi.

Le roi convoqua l'homme pieux qui continua de nier avec aplomb :

- Je ne sais pas de quoi il parle !

Après les avoir entendus, le roi dit au berger :

- Va chercher ton témoin.

- Malheureusement, répondit le berger, il n'y avait que nous deux… et cet arbre, sous lequel je lui ai confié mes richesses.

Le roi ordonna au berger d'aller « chercher l'arbre » pour qu'il témoigne. Dès que le berger partit, le roi engagea la conversation avec l'homme pour le distraire. Puis, au détour d'une phrase, il lui demanda négligemment :

- Cet arbre dont il parle, est-il loin d'ici ?

Sans réfléchir, l'homme répondit :

- Oui, il est très loin.

Aussitôt, le roi le saisit par le cou et dit :

- Ah, donc tu sais de quel arbre il s'agit ! Rends-lui immédiatement ses biens ou tu perdras la vie !

Pris de panique, l'homme restitua tout avant même que le berger ne revienne. C'est ainsi que le sage roi rétablit la justice.

Morale :

Les apparences peuvent tromper. La piété affichée ne garantit pas l'honnêteté. La véritable sagesse consiste à juger les actes plutôt que l'image qu'une personne donne d'elle-même.

27.   L'Hyène et l'Aveugle
(Conte sérère du Sénégal)

Un jour, l'hyène errait dans le village, le ventre vide et les yeux brillants de faim.

Chaque fois qu'elle passait devant les maisons, elle apercevait un aveugle qui se tenait debout à l'entrée des concessions. L'homme récitait des formules magiques, et aussitôt, les habitants lui donnaient de la nourriture. Ses sacs se remplissaient jusqu'à déborder avant qu'il ne rentre chez lui.

L'hyène l'observa des jours durant, intriguée et jalouse de tant d'abondance.

Un soir, elle s'approcha et lui dit :

- Hé, toi ! Ne voudrais-tu pas retrouver la vue ?

- C'est mon plus grand souhait ! répondit l'aveugle.

- Eh bien, moi je veux devenir aveugle ! Si nous échangions ?

- D'accord, dit l'homme. Je te rends ma cécité et tu me rends ta vue. En échange, je t'enseignerai les formules magiques.

Ainsi fut fait : l'aveugle recouvra la vue et l'hyène devint aveugle. Avant de partir, l'homme lui apprit les incantations sacrées.

Le premier jour, l'hyène se plaça à l'entrée d'une maison, prononça les formules et, comme par miracle, on lui donna de quoi remplir ses sacs de nourriture. Elle repartit heureuse, les sacs gonflés à bloc.

Mais le lendemain, alors qu'elle mourait de faim, elle accrocha de nouveau ses sacs à ses épaules. En chemin, elle voulut répéter les formules… mais impossible ! Elle les avait oubliées !

Ni elle ne se souvenait des paroles, ni elle ne pouvait retrouver l'homme qui était désormais voyant.

Elle resta là, plantée au milieu du chemin, ridiculisée et plus affamée que jamais.

Morale :

Ce conte nous rappelle que l'avidité et la précipitation peuvent nous conduire à notre propre perte.

28. L'hyène, le lièvre et le singe ou l'ingrat puni

Sous le soleil écrasant de la savane, Sadeigui l'hyène errait depuis trois jours, la langue pendante, à la recherche d'un point d'eau. Elle finit par croiser Bégui le lièvre, qui trottinait joyeusement malgré la chaleur.

- Salut, Bégui, haleta-t-elle d'une voix rauque. Je meurs de soif… Toi qui connais tous les recoins de la brousse, viens à mon secours !

- Allons ! répondit le lièvre avec un sourire malin.

- Est-ce loin ?

- Un peu… mais tu ne regretteras pas de m'avoir suivi. Dans cette brousse brûlée, il n'y a pas d'autre solution : l'harmattan a desséché tous les marigots.

Ils se mirent en route. Le sol brûlant soulevait des nuages de poussière dorée sous leurs pas. L'hyène, épuisée, manqua de s'écrouler plus d'une fois.

- Arriverons-nous enfin ? gémit-elle.

- Courage, le puits est tout proche, répondit le lièvre.

Et en effet, quelques instants plus tard, ils atteignirent un vieux puits au fond miroitant. Sadeigui s'y jeta d'un bond, éclaboussant tout autour, et but goulûment jusqu'à ce que sa soif soit totalement apaisée.

Mais une fois désaltérée, elle se rendit compte de son imprudence : les parois du puits étaient lisses et profondes. Impossible de remonter !

- Holà ! cria-t-elle affolée. À l'aide !

Un bruissement dans les branches la fit lever la tête : tout en haut d'un caïlcédrat, Katlonyi le singe rouge observait la scène, se tenant le ventre de rire.

- Cela t'amuse de me voir coincée ?! gronda l'hyène.

- En effet, répondit le singe, mais j'ai bon cœur.

En trois bonds souples, Katlonyi fut sur le bord du puits et déroula sa longue queue. L'hyène s'y agrippa de toutes ses forces et remonta, haletante.

Mais à peine sortie, elle se jeta sur le singe :

- J'avais soif, j'ai bu. Maintenant, j'ai faim… et tu m'as l'air bien appétissant !

- Tu veux me manger ?! s'écria le singe. Mais je viens de te sauver !

- Justement, ricana l'hyène. Tu t'es moqué de moi, je dois te punir.

Au moment où elle s'apprêtait à le saisir, Bégui le lièvre sortit d'un buisson où il observait toute la scène.

- Que se passe-t-il ? demanda-t-il.

- Il s'est moqué de moi ! gronda l'hyène.

- Et moi je l'ai sauvé ! protesta le singe.

- Si c'est vrai, dit Bégui d'un ton calme, recommençons l'expérience devant moi, pour que je voie de mes propres yeux.

Sans réfléchir, l'hyène replongea dans le puits pour prouver ses dires. À peine eut-elle disparu que le lièvre glissa à l'oreille du singe :

- Cours vite avant qu'elle ne remonte !

Et les deux compères s'enfuirent, laissant l'hyène prisonnière du puits, criant et pestant contre son propre appétit.

Morale du conte

L'ingratitude est toujours punie : celui qui trahit ses bienfaiteurs finit souvent piégé par sa propre méchanceté.

29.   Le rire du phacochère

Il était une fois, dans la grande savane, le lion, roi des animaux, juste et respecté de tous.

Un jour, la tristesse frappa son royaume : la Reine Mère, sa mère bien-aimée, s'éteignit.

Pour ses funérailles, le lion convoqua tous ses sujets et ordonna :

- Que chacun pleure ! Que chacun verse des larmes, qu'il le veuille ou non !

La savane entière accourut.

L'hyène gémissait à fendre l'âme.

L'éléphant, le géant de la forêt, pleurait à grosses larmes.

La girafe, la pintade, les gazelles, tous pleuraient.

Même le phacochère hurlait à s'en rompre la gorge.

Mais, au milieu de toute cette foule en pleurs, une absence se fit remarquer.

Le phacochère, l'œil vif, s'approcha du roi et dit, en reniflant :

- Majesté ! Moi, je suis là pour pleurer la Reine Mère. L'éléphant est là, la girafe est là, même la petite pintade est là… Mais il y en a un qui brille par son absence. C'est le lièvre ! Oui, le petit lièvre ! Il est resté chez lui à se réjouir de la mort de la Reine Mère !

Le lion rugit de colère, sa crinière se hérissant comme un feu ardent :

- Qu'on aille le chercher ! Mort ou vif !

Heureusement pour le lièvre, la pintade, son amie, vola jusqu'à lui pour l'avertir :

- Petit lièvre, le phacochère t'a dénoncé. Le lion veut te punir. Sauve ta peau !

Le lièvre, loin de paniquer, sourit :

- Merci mon amie. Devance-moi chez le roi et observe comment je vais retourner la situation.

Il prit son tambour et se rendit à la cour royale.

Arrivé devant le lion, il frappa son tambour et chanta :

- La pintade chante la mort de la Reine Mère, le grand éléphant verse des larmes…

Mais regarde, ô roi, regarde le phacochère !

Il a les dents dehors, n'est-ce pas lui qui se moque de toi ?

Le lion fixa le phacochère qui, gêné, tentait de cacher ses défenses. Mais ses lèvres retroussées semblaient former un sourire insolent.

- Petit lièvre, dit le lion en grognant, viens répéter cette chanson dans mon oreille !

Le lièvre s'approcha et répéta, en pleurant pour de bon cette fois.

Le lion en fut convaincu : le phacochère riait de lui !

Dans un rugissement terrible, il bondit sur le phacochère, le griffa, le mordit et le laissa nu comme un ver.

Depuis ce jour, dit-on, les phacochères ont la peau nue et les lèvres retroussées - souvenir de la colère du roi lion.

Morale

Les moqueurs récoltent souvent ce qu'ils sèment : la ruse et le mensonge peuvent retourner les colères les plus redoutables… contre les mauvais accusateurs eux-mêmes.

30. La chèvre et le Vieillard

Il y a très longtemps, dans une contrée lointaine où les forêts s'étendaient à perte de vue, vivait un vieillard solitaire et disgracieux. Son unique compagne était une vieille chèvre qu'il chérissait plus que tout au monde. Elle n'était plus jeune, mais l'affection qu'elle portait à son maître la maintenait en vie.

Le vieillard, malgré son âge avancé, rêvait d'avoir une descendance pour perpétuer son nom.

Un jour, alors qu'il était parti couper du bois, la chèvre décida de lui offrir un cadeau exceptionnel. Elle se rendit chez le génie de l'arbre, gardien des secrets de la forêt.

- Que veux-tu, petit animal ? demanda le génie d'une voix grave qui résonna dans le bois.

- Je souhaite rendre mon maître heureux, répondit la chèvre.

- Et comment puis-je t'aider ?

- Mon maître désire des enfants. Transforme-moi en femme, que je puisse lui en donner.

Le génie réfléchit un moment, puis prononça une formule mystérieuse:
- *Kalakou, Kalakou, bérékoukiiiiiii !*

Aussitôt, la chèvre se transforma en une magnifique jeune femme.

- Merci, grand génie, dit-elle, comblée de joie.

- N'oublie pas, ajouta le génie d'une voix solennelle : le jour où tu auras un cinquième enfant, tu devras le sacrifier sur mon arbre.

Mais la jeune femme, emportée par son bonheur, ne prêta pas attention à cet avertissement.

Quand le vieillard rentra, il fut stupéfait de trouver une belle femme dans sa hutte.

- C'est moi, ta chèvre, lui expliqua-t-elle. J'ai demandé au génie de l'arbre de me transformer afin d'accomplir ton souhait d'avoir des enfants.

Le vieillard, plein de gratitude, l'accueillit à bras ouverts. Les années passèrent. Ils eurent un premier enfant, puis un deuxième, un troisième, un quatrième... et enfin un cinquième. Leur vie était paisible et heureuse.

Mais un jour, alors que les enfants jouaient dans la forêt, le cinquième alla se cacher derrière le grand arbre. Soudain, les racines se mirent à l'enlacer et l'arbre commença à l'engloutir en chantant :

« Bori, bori, djinamori bori,

Bori djinamori,

Ka ta fo m'bayé,

Djinamori bori,

Bori djinamori... »

Entendant le chant, la femme se souvint de la promesse faite au génie. Affolée, elle courut avec son mari jusqu'à l'arbre et supplia le génie :

- Rends-moi mon enfant !

- Tu avais promis de sacrifier ton cinquième enfant sur mon arbre, répondit le génie. Je ne fais que prendre ce qui m'appartient.

La femme insista avec courage :

- Mais tu n'as jamais précisé à quel âge cet enfant devait être sacrifié ! Cela constitue une faute selon les lois des génies. Tu dois donc me le rendre !

Le génie, surpris par cette réplique pleine de sagesse, resta silencieux un long moment. Puis il dit :

- Tu as raison. Je te rends ton enfant.

L'arbre relâcha l'enfant qui se jeta dans les bras de sa mère. La famille repartit ensemble et vécut heureuse jusqu'à la fin de ses jours.

Morale : Même face aux puissances les plus redoutables, la sagesse et le courage peuvent sauver ce qui nous est cher.

31.   La fourmi et la Sauterelle

Par une chaude journée d'été, les fourmis s'activaient sans relâche sous le soleil brûlant. En file indienne, elles transportaient grain après grain, feuille après feuille, pour remplir leur grenier.

À l'ombre d'un grand arbre, les sauterelles, insouciantes, se prélassaient. Certaines faisaient la sieste, d'autres jouaient de la musique ou chantaient à tue-tête.

L'une d'elles interpella une fourmi :

- Dis-moi, pourquoi travailler autant sous cette chaleur ?

La fourmi, sans s'arrêter, répondit calmement :

- Parce qu'en hiver, la nourriture se fait rare. Nous devons faire nos provisions tant qu'elle abonde.

La sauterelle éclata de rire :

- *Ha ! Ha !* L'hiver est encore bien loin ! L'été, c'est fait pour s'amuser, pas pour trimer !

La fourmi, un peu irritée, répliqua :

- Si tu continues à gaspiller ton temps, tu le regretteras quand le froid arrivera.

Et sans plus de mots, elle poursuivit son labeur, sous le regard moqueur des sauterelles.

L'été passa, l'automne s'acheva, et l'hiver s'installa. Le vent glacial balayait la plaine et tout était recouvert de givre. Les sauterelles, transies et affamées, erraient en quête de nourriture.

L'une d'elles, épuisée, aperçut la maison des fourmis et frappa à la porte.

- Je meurs de faim ! supplia-t-elle. Peux-tu me donner quelque chose à manger ?

La fourmi la regarda avec compassion mais répondit :

- L'été dernier, pendant que nous travaillions dur, tu chantais et tu te divertissais. Eh bien, danse maintenant !

Et la porte se referma doucement.

Morale de l'histoire

Celui qui gaspille son temps à s'amuser quand il devrait travailler connaîtra la faim quand viendra la saison de la disette.

Ce conte, originaire d'Afrique et transmis par la tradition orale, fut introduit en Grèce antique par Ésope (VIIe-VIe siècles avant J.-C.). Jean de La Fontaine s'en inspira plusieurs siècles plus tard pour en faire son célèbre récit « La Cigale et la Fourmi » – un exemple classique d'appropriation littéraire.

32. Le Lion et la Souris

Un jour, un puissant lion s'était retiré dans une caverne pour se reposer.

Alors qu'il s'apprêtait à s'endormir, une petite souris passa près de lui.

Elle était minuscule, frêle comme un brin d'herbe.

Réveillé par son agitation, le lion bondit et l'attrapa d'un coup de patte.

- Ô grand roi de la forêt ! s'écria la souris d'une voix tremblante. Si tu me manges, tu ne seras pas rassasié. Si tu me laisses partir, tu n'en auras pas plus faim. Accorde-moi la vie, et un jour je te le rendrai : je te sauverai d'un grand malheur.

Le lion éclata de rire.

- Toi ? Une si petite créature pourrait-elle m'aider, moi, le roi des animaux ?

Mais, amusé par son audace, il finit par la relâcher.

Quelques temps plus tard, un chasseur parvint à piéger le lion. Il tomba dans un grand trou creusé dans la forêt et fut solidement attaché avec des cordes. Le roi des animaux rugissait de désespoir, mais personne n'osait s'approcher pour le délivrer.

À la tombée de la nuit, la petite souris reparut.

- Te souviens-tu de moi ? demanda-t-elle en s'approchant des liens. Tu m'as laissé la vie, aujourd'hui je te rends la pareille.

Alors, avec ses petites dents, elle se mit à ronger patiemment les cordes jusqu'à ce que le lion soit enfin libéré.

Le roi de la forêt poussa un rugissement de joie qui résonna à travers toute la savane.

Morale du conte

Aucune bonne action n'est jamais vaine : même le plus petit peut sauver le plus grand.

33. Anansi et le rocher couvert de mousse

(Origine : Akan (Ghana)

Un rocher étrange se trouvait au cœur d'une forêt. Ce rocher avait un pouvoir : quand quelqu'un prononçait les mots magiques près de lui, il s'évanouissait - et la personne perdait connaissance pendant un moment. Anansi découvrit cela par hasard et, malicieux, il commença à utiliser le rocher pour endormir les animaux et leur voler leurs biens.

Un jour, il trouva un pot de miel, une poule et un morceau de viande, et en profita pour appeler le rocher plusieurs fois et voler à tout le monde. Mais les autres animaux s'aperçurent des disparitions et se réunirent. Ils demandèrent au sage Oiseau-Moineau de trouver qui était le coupable. Le moineau observa les traces et vit Anansi. Il invita Anansi à une grande fête et lui dit : « Viens avec un sac pour un grand cadeau.» Anansi, supportant mal l'envie d'encore voler, accepta. Au moment où Anansi fut seul, le moineau prit un sac plein de pierres et l'accrocha autour du ventre d'Anansi en prétendant que c'était un cadeau. Puis ils l'amenèrent au rocher. Anansi s'approcha, prononça les mots - et le rocher fit encore une fois son effet, mais cette fois-ci le sac de pierres tomba, l'assomma, et tous les animaux le trouvèrent et le réveillèrent. Honteux, Anansi jura de ne plus utiliser le rocher. Les animaux décidèrent d'enterrer le rocher plus loin.

Moralité : la ruse finit souvent par se retourner contre son auteur.

PARTIE 2 : SENTENCES

La sentence est une **courte formule** qui exprime une vérité universelle, un précepte moral ou une maxime. Elle se caractérise par sa **sobriété** et sa **force de suggestion**, car elle va droit à l'essentiel, sans avoir besoin d'explications supplémentaires. Une sentence énonce une règle de conduite, une observation sur la vie ou une leçon morale de manière concise, presque lapidaire.

Elle se distingue du **proverbe**, qui, bien que tout aussi populaire et mémorable, repose généralement sur une image, une comparaison ou une métaphore, et dont le sens peut nécessiter d'être interprété ou expliqué. La sentence, elle, est immédiatement intelligible et vise à provoquer la réflexion en peu de mots.

En somme, la sentence est une **pensée condensée** qui éclaire l'esprit, un **guide pratique de sagesse** énoncé en une seule phrase frappante.

« On peut donner le jour à un enfant, mais non à soi-même. »

Cette sentence exprime avec profondeur une vérité universelle : les parents peuvent donner la vie, mais ils ne peuvent pas façonner totalement la personnalité ni le destin de leurs enfants. Elle est souvent citée par des parents dignes et respectables lorsqu'ils se trouvent désarmés face à un enfant qui refuse l'éducation, les valeurs et les principes qu'ils ont patiemment cherché à lui transmettre.

En d'autres termes, on peut offrir à un enfant la chance de naître, le nourrir, l'instruire et l'entourer d'amour, mais on ne peut pas garantir qu'il devienne une personne à l'image de ses parents ni qu'il adopte leur manière de penser ou de vivre. Cette phrase traduit la douleur et le désarroi de familles honorables qui, malgré leurs efforts, voient leur enfant prendre des chemins contraires à ce qu'elles espéraient, parfois jusqu'à couvrir la famille de honte.

Elle rappelle que la filiation biologique n'assure pas la filiation morale ou spirituelle. Chaque être humain garde sa liberté et sa responsabilité, même face aux valeurs qui lui ont été transmises.

« À l'étranger, on ne connaît point la noblesse de sang. »

Cette sentence exprime une réalité fondamentale : le prestige hérité de ses ancêtres, la noblesse de son lignage ou la renommée de sa famille n'ont de valeur que dans l'espace où elles sont connues et reconnues. Dans son village natal ou dans sa ville d'origine, chacun connaît l'histoire des familles, les exploits des ancêtres, les sacrifices et les mérites transmis de génération en génération. Dans ce contexte, il est normal qu'un individu bénéficie d'un certain respect et d'une considération liés à son ascendance, et il peut même en tirer une juste fierté.

Mais dès que l'on quitte son milieu d'origine pour se rendre à l'étranger, tout cela perd son poids. Nul ne se soucie de savoir si vous êtes fils ou fille d'une lignée illustre, car la noblesse de sang n'est inscrite ni sur le front ni dans les gestes du quotidien. Et même si elle l'était, le nouveau milieu ne la prendrait pas pour argent comptant : seule votre conduite, votre travail, votre intégrité et vos qualités personnelles compteront.

Cette sentence nous enseigne donc une leçon de grande portée morale : dans un environnement étranger, c'est par son mérite propre, ses actions concrètes et son comportement que l'on se fait respecter et reconnaître. La valeur d'un individu ne se mesure plus par ses origines, mais par ce qu'il apporte à la communauté où il vit.

« Si l'on se vante de son honorabilité, c'est qu'on n'a pas encore fondé de foyer. »

Cette sentence met en lumière une vérité universelle sur la responsabilité familiale et sociale. Lorsqu'on vit seul, préserver son honneur et sa réputation dépend presque entièrement de soi. On peut choisir ses fréquentations, contrôler ses actes et éviter toute situation compromettante. Il suffit d'une volonté ferme pour se maintenir sur la « ligne droite » et rester irréprochable aux yeux de la société.

Mais les choses changent dès que l'on fonde un foyer. Le mariage, les enfants et les autres membres de la famille viennent élargir le cercle de responsabilité. Chacun d'eux, avec ses qualités et ses défauts, devient en quelque sorte le reflet de votre nom et de votre honneur. Or, les êtres humains ne sont pas uniformes : certains peuvent faillir, dévier du droit chemin, commettre des erreurs ou même des fautes graves.

Dans de telles situations, c'est souvent le chef de famille - père ou mère - qui porte le poids des conséquences sur sa réputation. Les erreurs d'un seul peuvent ternir l'image de tout le foyer. Cette sentence nous rappelle donc que l'honneur n'est pas seulement une affaire individuelle mais devient une affaire collective dès qu'on a une famille.

Elle invite à l'humilité : avant de se vanter de sa propre honorabilité, il faut reconnaître que celle-ci sera toujours exposée aux aléas des comportements des autres membres de la famille. Elle nous enseigne aussi la vigilance et la compréhension : protéger l'honneur de sa maison implique d'éduquer, l'accompagner et parfois de corriger les siens pour éviter que leurs actes ne nuisent à la dignité commune.

« Ce n'est pas le jour de la chasse qu'il convient de prendre un chiot. »

Cette sentence africaine nous enseigne une leçon profonde sur la préparation et le sens du *timing*. Le chien est, depuis des siècles, le compagnon fidèle et l'allié le plus efficace du chasseur. Il a pour mission de flairer le gibier, de le lever, de le poursuivre et parfois de l'achever lorsque celui-ci est blessé. Mais pour accomplir un tel rôle, l'animal doit être aguerri, fort et entraîné.

Un chiot, par nature, n'a ni l'endurance, ni l'expérience, ni la force pour suivre un chasseur à travers les vastes plaines et les fourrés épineux. L'emmener le jour même de la chasse serait non seulement inutile, mais aussi un handicap : il se fatiguerait rapidement, se mettrait en danger et pourrait même compromettre la réussite de la chasse.

Cette expression est donc une métaphore de la vie : elle nous rappelle qu'il faut se préparer avant d'agir et ne pas attendre le dernier moment pour se doter des moyens nécessaires à l'accomplissement de nos objectifs. La formation, l'éducation et l'entraînement doivent se faire en amont, bien avant que le « grand jour » n'arrive.

Elle est aussi un appel à la patience et à la prévoyance. Celui qui veut entreprendre une tâche importante doit s'assurer qu'il possède les bons outils, les bonnes compétences et les bonnes personnes à ses côtés, prêtes à remplir leur rôle. C'est une invitation à ne pas improviser face aux défis de la vie, mais à planifier et à anticiper pour être réellement prêt lorsque l'occasion ou l'épreuve se présentera.

« On ne peut juger un homme que lorsqu'il se trouve dans le pouvoir et dans l'opulence. »

Cette maxime illustre une vérité universelle : ce n'est que lorsqu'un individu détient du pouvoir ou des richesses qu'il révèle pleinement sa véritable nature. Tant qu'il reste pauvre, faible ou sans influence, l'homme demeure en quelque sorte contenu, limité dans ses actions et dans ses ambitions. Il se plie aux contraintes qui pèsent sur lui, se concentre sur sa survie et sur les besoins immédiats de son existence. Ses véritables penchants, ses valeurs profondes, son sens de la justice ou de l'injustice restent souvent invisibles, car il n'a pas les moyens de les exprimer.

En revanche, lorsque cet homme accède à une position de privilège, qu'il détient les ressources ou l'autorité pour agir librement, c'est alors que son caractère authentique se dévoile. La puissance et l'opulence agissent comme un révélateur : elles mettent en lumière sa générosité ou son égoïsme, son humilité ou son arrogance, sa sagesse ou son imprudence. C'est dans l'exercice de ses choix, désormais libérés de la contrainte de la pauvreté, qu'il montre s'il est véritablement un homme juste, un guide éclairé, ou bien un despote capricieux.

L'histoire et la philosophie abondent en exemples de cette observation. Pittacus, l'un des Sept Sages de la Grèce antique, le disait déjà : « Voulez-vous connaître un homme ? Donnez-lui du pouvoir. » C'est bien le pouvoir, plus encore que l'adversité, qui met à l'épreuve la solidité morale d'un individu. Car si les épreuves révèlent la force ou la faiblesse de l'âme, la richesse et l'autorité révèlent sa droiture, son sens de l'équité et sa capacité à rester fidèle à ses principes.

Cette sentence nous invite donc à la prudence dans nos jugements. Avant de louer ou de critiquer quelqu'un, attendons de voir comment il se comporte lorsque les circonstances le placent en position de force. C'est à ce moment seulement que l'on peut mesurer la véritable grandeur - ou la petitesse - d'un être humain.

« Le héros de tous les jours n'a point longue vie. »

Cette sentence nous rappelle qu'un héros qui se manifeste sans cesse, cherchant constamment à prouver sa bravoure et à défier les autres, finit souvent par précipiter sa propre chute. Il ressemble au feu de paille : il s'embrase avec éclat, attire l'attention, mais s'éteint tout aussi vite, laissant derrière lui une fumée de regrets.

Être courageux est une qualité admirable, mais l'excès de témérité peut se retourner contre celui qui en fait son mode de vie. Celui qui lève la tête à chaque occasion, qui se dresse partout et toujours pour montrer sa force, finit tôt ou tard par rencontrer plus fort que lui et se voit contraint de baisser la tête, parfois au prix de son honneur, de sa santé ou de sa vie.

L'histoire de ce champion de lutte illustre parfaitement cette vérité. Dans son village, il était considéré comme invincible, le roi incontesté de l'arène. Mais un jour, des étrangers s'installèrent près du village. Animé par son orgueil et son désir de gloire, le champion alla à leur rencontre et lança un défi. Un jeune homme étranger releva l'épreuve. La lutte commença, et à la stupeur de tous, dès le premier contact, le jeune étranger projeta le champion au sol avec une telle violence qu'il se fractura la jambe. Sa carrière prit fin ce jour-là, tout comme sa réputation d'invincibilité.

Cette sentence nous enseigne la prudence et l'humilité. La véritable grandeur ne consiste pas à s'exposer continuellement au danger pour prouver sa force, mais à savoir choisir ses combats, à se réserver pour les moments décisifs et à respecter la mesure dans l'expression de sa bravoure. Un héros sage sait que la gloire la plus durable se construit dans le temps et non dans la recherche effrénée d'exploits quotidiens.

« S'il n'est pas possible de patienter toute sa vie, il importe de patienter jusqu'à atteindre son but.»

Cette sentence nous enseigne l'importance capitale de la patience dans la quête de toute réussite. La patience n'est pas une simple attente passive ; elle est une force intérieure qui permet de persévérer malgré les obstacles, les retards et les épreuves. Dans la vie, chacun poursuit un but : terminer ses études, apprendre un métier, construire une famille, bâtir une entreprise ou réaliser un rêve. Or, sans patience, ces objectifs deviennent vite des sources de frustration et d'échec.

L'étudiant, par exemple, doit accepter des années de travail, de lectures et de sacrifices avant de recevoir son diplôme. L'apprenti doit supporter les longues heures d'apprentissage, les erreurs et les corrections pour devenir, un jour, un maître respecté dans son art. De même, celui qui entreprend un projet de vie doit accepter que le temps, les efforts et les épreuves fassent partie intégrante du chemin vers la réussite.

Il est vrai que l'on ne peut patienter indéfiniment, mais il est indispensable de persévérer jusqu'à ce que l'objectif soit atteint, car c'est souvent au terme de l'épreuve que se trouvent la récompense et la satisfaction. Comme le rappelle Jean-Jacques Rousseau : « La patience est amère, mais son fruit est doux. »

Ainsi, la patience n'est pas seulement une vertu : c'est une stratégie de vie. Celui qui sait attendre avec constance et détermination se donne toutes les chances de transformer ses efforts en succès et de goûter à la véritable douceur de l'accomplissement.

« Ne te laisse pas lécher par ce qui pourrait t'avaler. »

Cette sentence, imagée et percutante, met en garde contre les séductions qui précèdent le danger. « Lécher » évoque ici l'action d'approcher la bouche de l'autre pour porter la nourriture à la gorge - une image proche et intime qui signifie « se laisser approcher » ou « se laisser séduire ». Mais si ce « lécheur » n'est autre que ce qui peut vous dévorer, l'indulgence devient imprudence ; la proximité confondante peut vite se transformer en menace mortelle.

En clair : ne te laisse pas attirer ni flatter par ce qui, à la longue, risque de te détruire.

La sentence parle aussi bien des risques physiques que des dangers moraux, sociaux ou économiques. Elle invite à la prudence face aux avances trompeuses, aux promesses trop belles, aux situations où l'on s'expose inutilement.

Quelques applications pratiques :

Face à la flatterie : un compliment exagéré de la part d'un ennemi potentiel mérite la méfiance ; la louange peut servir d'appât.

En politique ou au travail : ne vous engagez pas trop vite aux côtés d'un dirigeant ou d'un projet dont les méthodes sont douteuses - l'alliance peut vous compromettre.

Dans la vie affective : une séduction fulgurante et pressante peut masquer des intentions possessives ou destructrices ; avancez prudemment.

Sur le plan matériel : une offre financière trop avantageuse de la part d'une source peu fiable peut entraîner perte et dépendance.

Autre image instructive : on n'ira pas chercher l'hyène dans sa tanière la nuit parce que là où l'on voit l'hyène en plein jour, on sait que la nuit elle peut mordre. Approcher ce qui est dangereux « parce qu'on croit le dominer » revient à se mettre volontairement en péril.

Conseil pratique résumé : examine la source des avantages, vérifie les motifs, ne confonds pas facilité et sécurité. La prudence, le recul et la lucidité sont les meilleurs remparts contre les séductions qui cachent des risques.

« C'est l'esprit de tolérance réciproque et discrète qui assure la vie en commun. »

Vivre ensemble implique une proximité constante, et cette proximité, aussi belle soit-elle, n'est jamais exempte de frictions. Les anciens Bambara l'ont bien exprimé : « c'est lorsqu'on s'approche qu'il est possible de se poignarder ». Cette image illustre parfaitement la réalité de toute vie en collectivité : plus nous sommes proches, plus le risque de conflit est grand.

Cependant, la clé d'une cohabitation harmonieuse réside dans l'art de relativiser ces petites blessures quotidiennes. La vie en commun exige que nous évitions de dramatiser chaque maladresse ou chaque offense. Il faut accepter que nul n'est parfait : chacun a ses travers, ses limites, ses jours sombres.

La tolérance réciproque devient alors le ciment de la société :

Fermer les yeux sur certains écarts, non par faiblesse mais par sagesse.

Savoir pardonner, même lorsque l'orgueil pousserait à la rancune.

Renoncer à la vengeance, car entretenir le ressentiment mine l'harmonie collective.

À l'inverse, celui qui traque la moindre faute, qui ne pardonne rien, qui se dresse toujours en juge sévère, prépare sa propre solitude et finit par détruire l'équilibre du groupe.

La véritable cohabitation repose donc sur une tolérance discrète et mutuelle, faite de patience, de compréhension et de concessions réciproques. C'est ce délicat équilibre – entre justice et indulgence, entre droits individuels et paix collective – qui permet à une communauté, qu'elle soit familiale, villageoise ou nationale, de durer et de prospérer.

« Un vrai ennemi vaut mieux qu'un faux ami. »

Un véritable ennemi a au moins une qualité : il ne ment pas sur ses intentions. Il se déclare ouvertement et ne dissimule pas son hostilité. Son animosité est visible, ses attaques sont prévisibles. On sait qu'il guette, qu'il cherche la moindre faille pour frapper. Et cette connaissance devient paradoxalement une protection : nous restons vigilants, sur nos gardes. L'ennemi, en un sens, nous oblige à être plus forts et plus prudents.

Comme l'affirmait le sage Pittacus : « Les ennemis sont utiles ; ils nous révèlent nos défauts, nous disent des vérités que nos amis taisent, et nous enseignent sans qu'on ait à les payer. »

À l'opposé, le faux ami est bien plus dangereux. C'est l'hypocrite par excellence : visage d'ange, cœur de démon. Il se présente comme allié, gagne notre confiance, puis agit dans l'ombre. Il attend le moment de faiblesse, celui où nous avons baissé la garde, pour asséner un coup plus cruel encore que celui d'un ennemi déclaré.

C'est pourquoi le faux ami inspire une crainte plus profonde que l'ennemi. L'ennemi nous pousse à nous défendre ; le faux ami nous endort, nous trompe, et nous blesse là où nous nous sentions en sécurité.

Morale : il vaut mieux affronter l'hostilité franche d'un adversaire déclaré que subir la trahison sournoise d'un ami qui n'en est pas un.

Partie 3 : Les proverbes : piliers de la sagesse et de la culture en Afrique noire

Les proverbes constituent l'un des fondements les plus solides de la culture africaine et de l'expression de la pensée collective. Dans les sociétés d'Afrique noire, ils ne sont pas de simples phrases pittoresques: ils sont des condensés de sagesse, des outils de réflexion et des instruments pédagogiques qui guident la vie sociale et morale.

Comme le rappelle une métaphore populaire : « Les paroles anciennes sont la canne à sucre que l'on ne cesse de sucer. » Cette image illustre à merveille la place du proverbe dans la culture africaine : on ne se lasse jamais de les redire, de les savourer, d'en extraire la substance éducative et philosophique. Chaque proverbe est un concentré d'expérience humaine, transmis de génération en génération, qui éclaire le présent tout en préparant l'avenir.

Dès le plus jeune âge, les enfants sont initiés à cet art. Lors des veillées, autour du feu ou sous la lune, ils participent à des séances de devinettes et d'énigmes, véritables jeux d'esprit qui éveillent leur curiosité et affûtent leur intelligence. Ces moments ne sont pas de simples distractions : ils constituent une véritable école de la pensée, une préparation à la connaissance des proverbes et à leur usage lorsqu'ils deviendront adultes.

Les proverbes enseignent la prudence, l'humilité, le respect des anciens, la solidarité, mais aussi le sens de la justice et la compréhension du monde. En les citant, on convoque l'autorité de la tradition et l'expérience collective.

Ainsi, les proverbes sont la mémoire vivante des peuples africains, les gardiens d'un patrimoine immatériel qui continue d'éclairer les comportements et de façonner les mentalités.

Pour qu'un enfant grandisse, il faut tout un village.

Le mensonge donne des fleurs mais pas de fruits.

Le vieil éléphant sait où trouver de l'eau.

Si tu vois un éléphant avaler une noix de coco, c'est qu'il a confiance en son derrière.

La vie est comme l'eau dans une pirogue: elle va d'un côté à l'autre.

C'est en mer agitée qu'on reconnaît la qualité du bois du bateau.

Jamais le maïs n'a raison contre la poule.

Le bonheur ne s'acquiert pas, il ne réside pas dans les apparences, chacun d'entre nous le construit à chaque instant de sa vie avec son cœur.

C'est en essayant encore et encore que le singe apprenne à bondir.

La persévérance est un talisman pour la vie.

L'erreur n'annule pas la valeur de l'effort accompli.

Un homme sans tradition est comme un zèbre sans rayure.

Le coassement des grenouilles n'empêche pas l'éléphant de boire.

La langue qui fourche fait plus de mal que le pied qui trébuche.

Les marques du fouet disparaissent, la trace des injures, jamais.

Même l'éléphant peut mourir d'un coup de sagaie.

Quand un arbre tombe, on l'entend; quand la forêt pousse, pas un bruit.

Ramer dans le sens du courant fait rire les crocodiles.

Si tu souhaites déplacer des montagnes demain, tu devrais commencer par soulever des pierres aujourd'hui.

Le poisson a confiance en l'eau et c'est dans l'eau qu'il est cuisiné.

Un jeune qui a beaucoup voyagé est plus âgé qu'un vieux qui est toujours resté au village.

Là où le cœur est, les pieds n'hésitent pas à y aller.

Si quelqu'un fait semblant de mourir, il faut faire semblant de l'enterrer.

Le soleil n'ignore pas un village parce qu'il est petit.

Celui qui a planté un arbre avant de mourir n'a pas vécu inutilement.

Si tu as de nombreuses richesses donne ton bien; si tu possèdes peu, donne ton cœur.

Source :

Amadou Hampâté Ba, *Petit Bodiel et autres contes de la savane*, éditions Pocket, réédition 2006.

El Hadji Sadia Traoré, *Sentences et proverbes bamanan*, éditions Jamana, 1989.

Bocar Ndiaye, *Contribution à la connaissance des us et coutumes du Mali*, éditions Jamana, 1997.

Fatoumata Keïta, *L'hyène et la chèvre*, Figura éditions, 2022.

Fatpumata K, *Sadian et Bilissi*, Figura éditions, 2020.

https://carnet-de-contes.jimdofree.com/contes/contes-africains/

https://excerpts.numilog.com/books/9782402595407.pdf

https://www.cartabledunemaitresse.fr/wpcontent/uploads/telechargements/ce2/francais/lecture/Txt_lion-et-souris_CE2.pdf

http://www.coindespetits.com/fables/fourmi/fourmi.html

https://www.dicocitations.com/auteur/4767/Proverbes_africains.php

https://www.slateafrique.com/97497/proverbes-africains-sagesse-populaire-selection

https://www.slateafrique.com/97497/proverbes-africains-sagesse-populaire-selection

Résumé du livre

Ce livre est une véritable plongée au cœur de l'imaginaire africain. Dans sa première partie, il nous fait voyager à travers des contes populaires transmis de génération en génération, ces histoires qui, depuis des siècles, émerveillent les jeunes et leur transmettent des leçons de vie intemporelles.

On y découvre également des sentences et des proverbes africains, toujours répétés aujourd'hui, dont la sagesse et la force éducative ont façonné des générations entières. Ces paroles, simples et puissantes, continuent d'enseigner le respect, la solidarité, le courage et l'art de bien vivre ensemble.

Laissez-vous emporter par ce recueil où se mêlent contes, proverbes et sagesse africaine, et partez à la rencontre des valeurs profondes qui ont fait de l'Afrique un immense réservoir de civilisation, de philosophie et de culture.

Auteur :

Dr Amadou Ba est historien, chercheur et écrivain, reconnu pour la profondeur et la rigueur de ses travaux sur l'Afrique précoloniale, coloniale et sur les dynamiques de la diaspora africaine, en particulier l'histoire des Noirs au Canada.

Titulaire d'un doctorat en Histoire, d'une maîtrise en Science politique et d'un baccalauréat en Enseignement, il allie recherche académique, transmission pédagogique et engagement intellectuel.

Dr Ba enseigne actuellement l'histoire africaine précoloniale et coloniale à Nipissing University (North Bay, Ontario) ainsi que la science politique à Laurentian University (Sudbury, Ontario), où il forme les nouvelles générations à une compréhension critique et globale des enjeux historiques et politiques.

Auteur prolifique, il a publié de nombreux ouvrages pour le grand public, les universitaires ainsi que pour la jeunesse, contribuant ainsi à la valorisation et à la diffusion du patrimoine historique africain et afro-descendant.*Livres adultes :*

Amazones des neiges. Ces grandes dames afro canadiennes qui ont marqué l'histoire du Canada, Éditions AB 2022.

L'Afrique des Grands Empires (7ᵉ-17ᵉ siècles) : 1000 ans de prospérité économique, d'unité politique, de cohésion sociale et de rayonnement culturel, Editions AB Alke Bulan, décembre 2020.

L'histoire oubliée de la contribution des esclaves et soldats noirs à l'édification du Canada (1604-1945) paru aux Éditions Afrikana, Montréal, octobre 2019.

Les militaires Ouest-africains dans la conquête et la Colonisation de Madagascar 1895-1960, Éditions Harmattan Études Africaines en 2012.

Livres jeunesse

James Douglas (1803-1877). Le « Barack Obama » canadien longtemps avant celui des États-Unis, Editions AB Alke Bulan octobre 2022.

Merveilleux animaux d'Afrique, Editions AB Alke Bulan juin 2022.

John Ware (1845-1905), le cowboy noir de l'Ouest canadien.

Dépôt légal

Bibliothèque et archives du Canada

95 Wellington St, Ottawa, ON K1A 0J1

ISBN: 978-1990497698

Sturgeon Falls Ontario Canada le 28 septembre 2023.

Les Éditions AB Alke Bulan